AF328448

Joachim Coucke

Unforced Errors
In The Desert

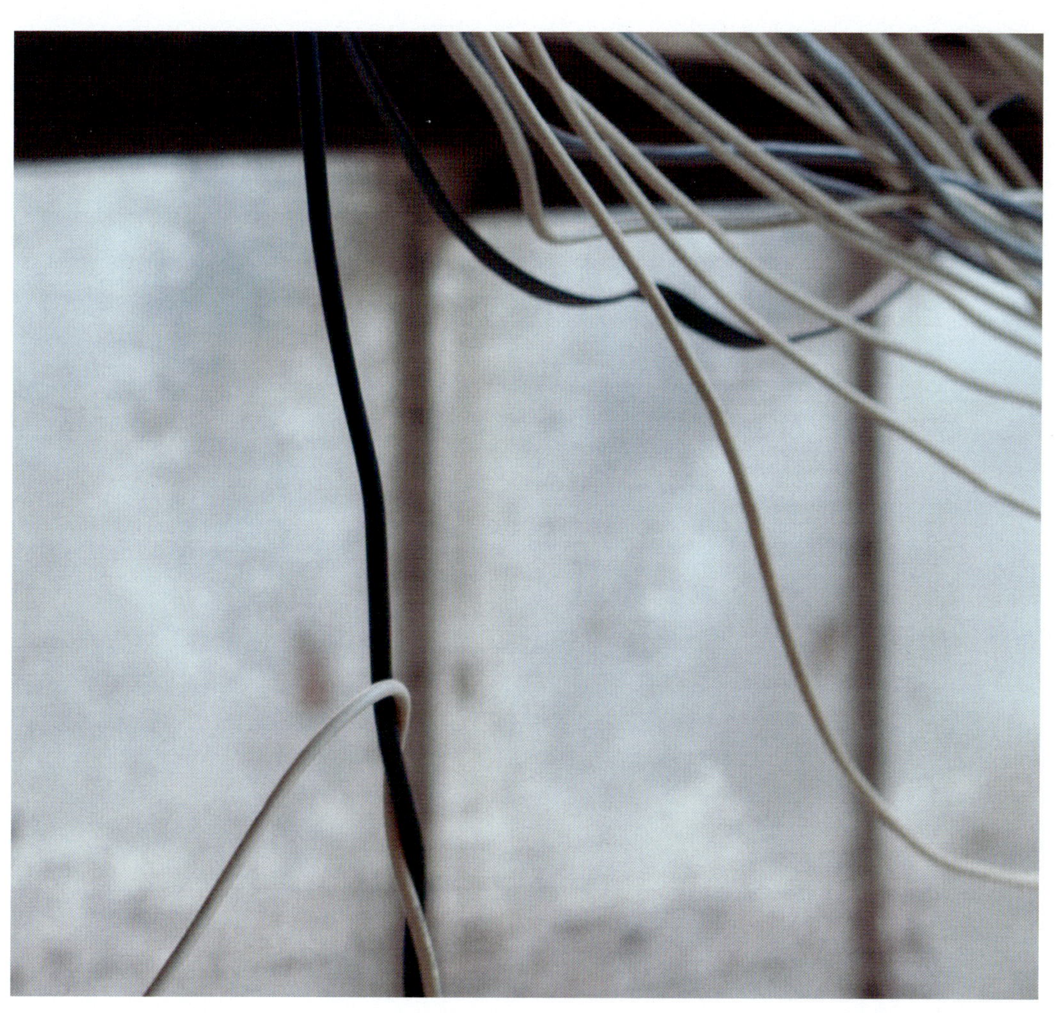

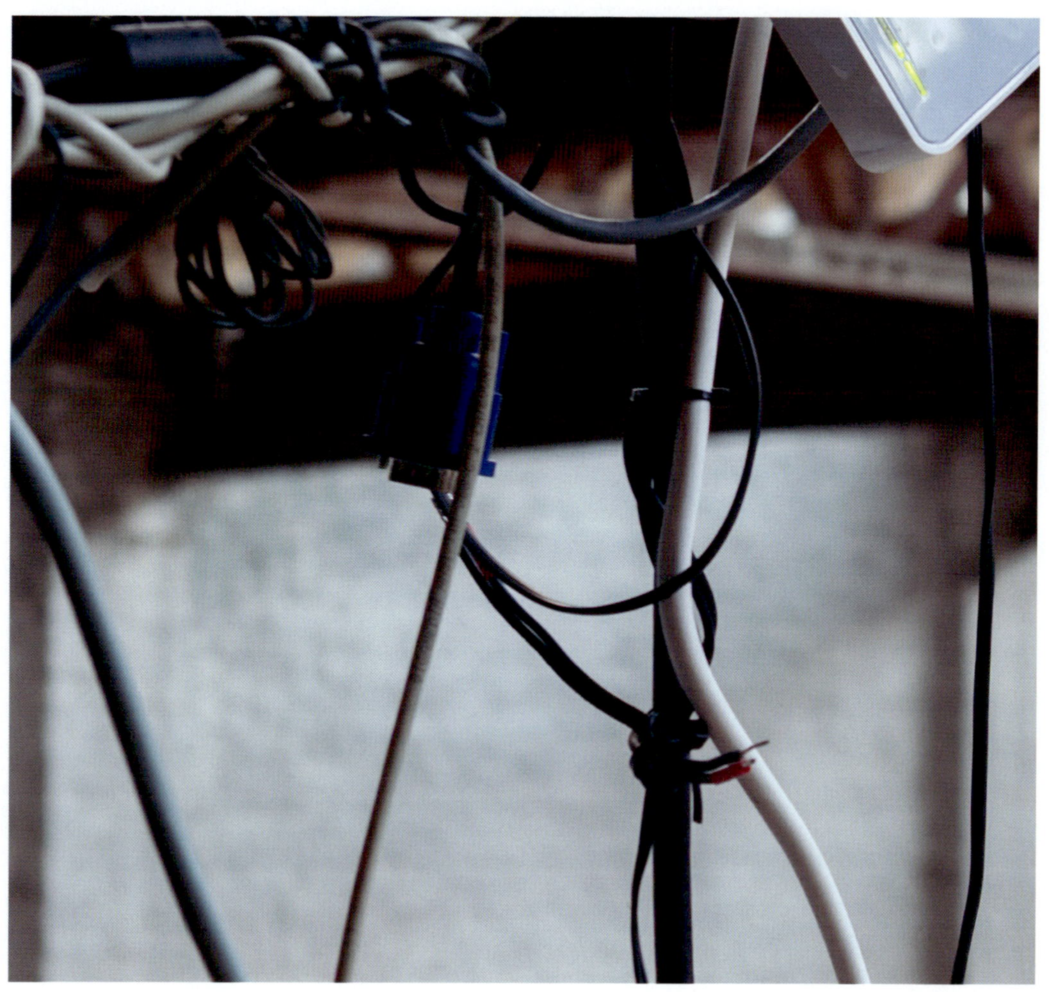

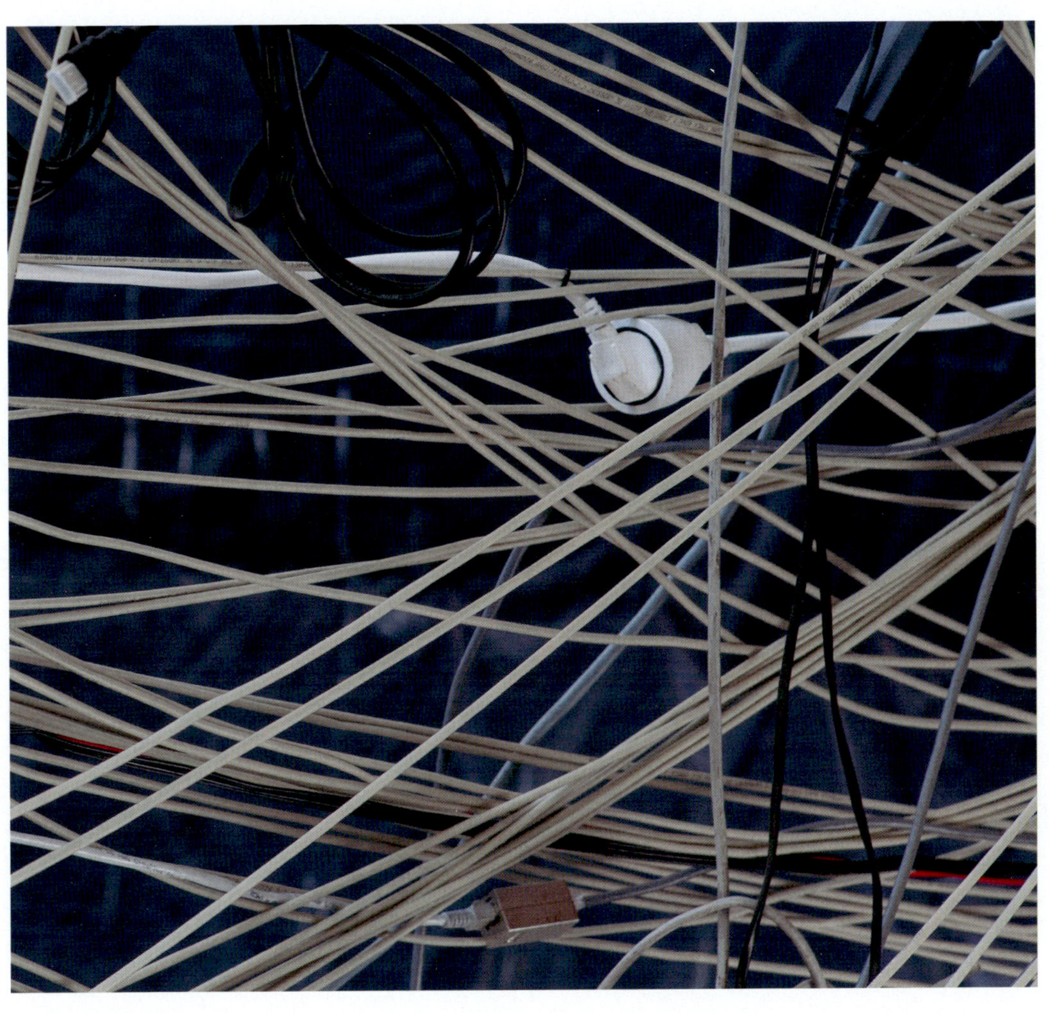

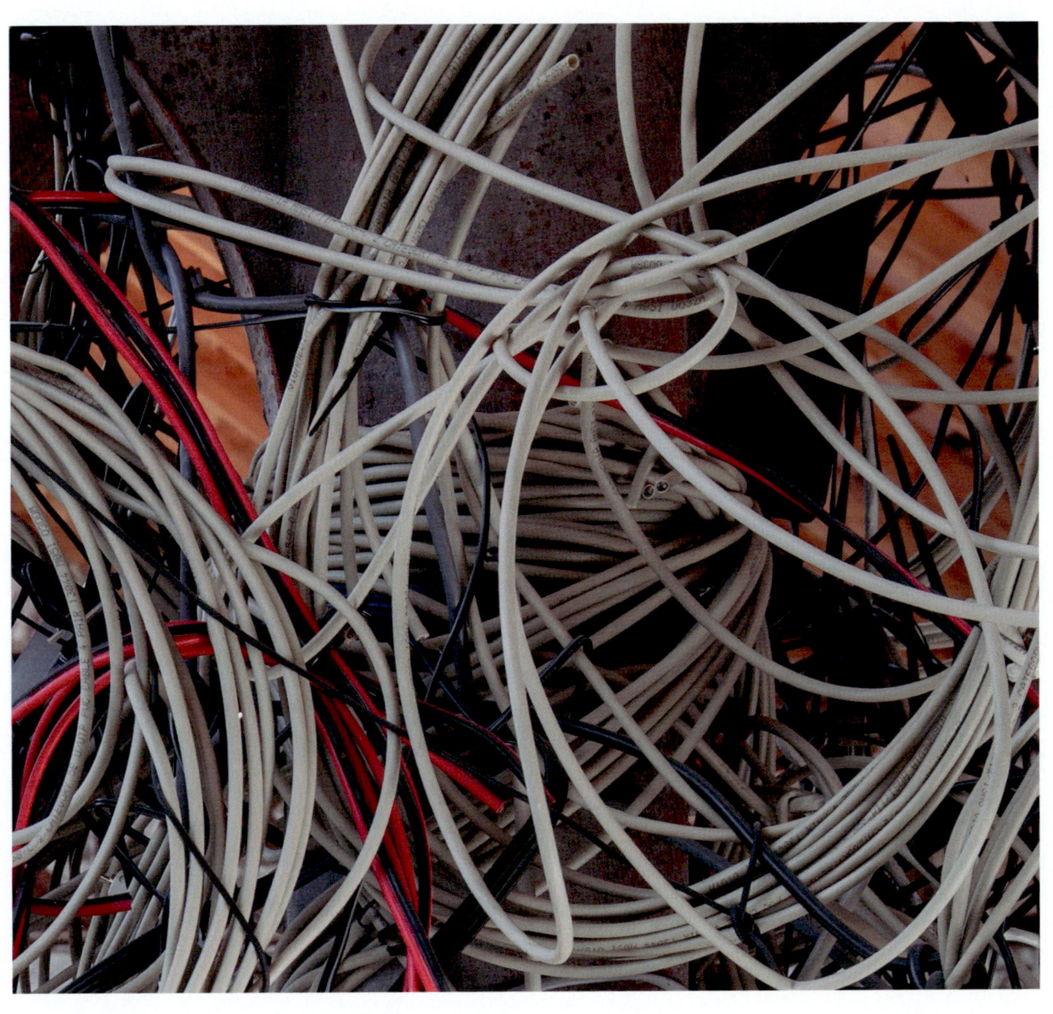

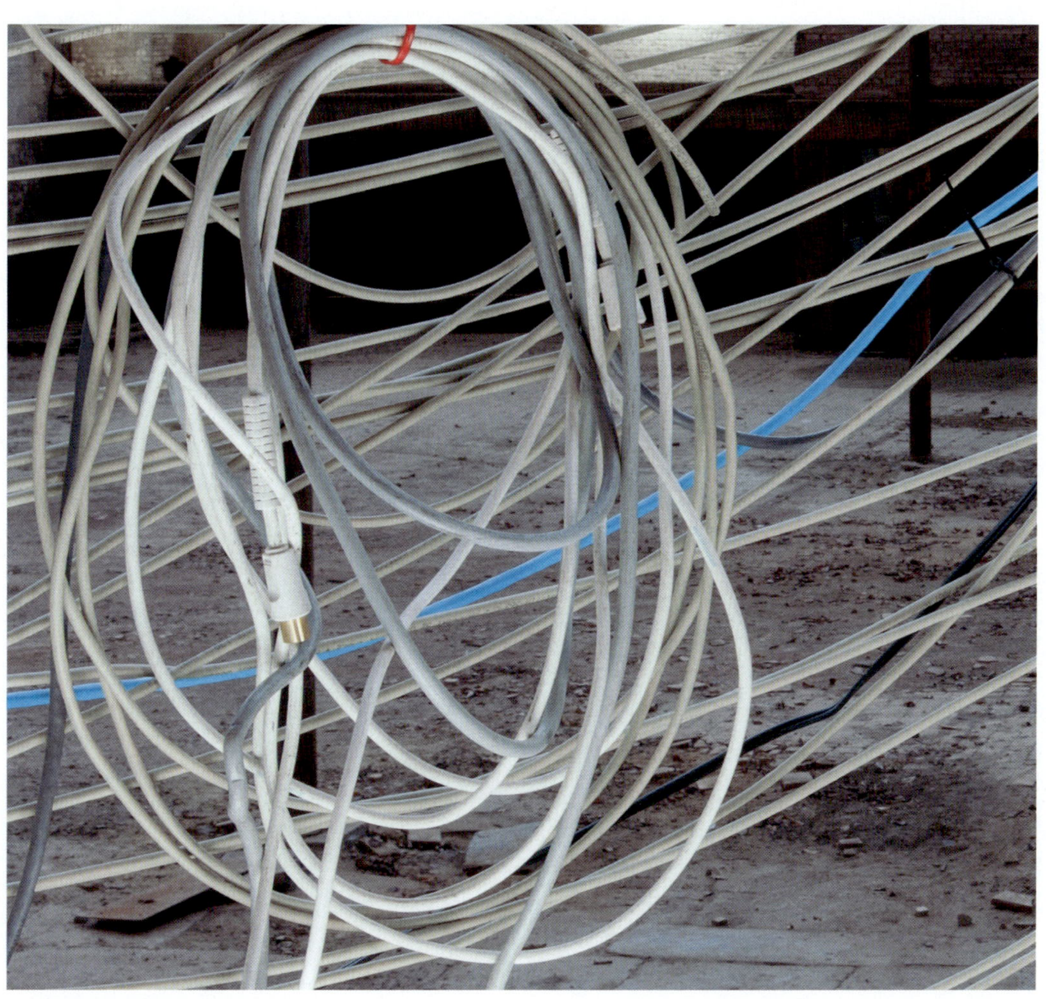

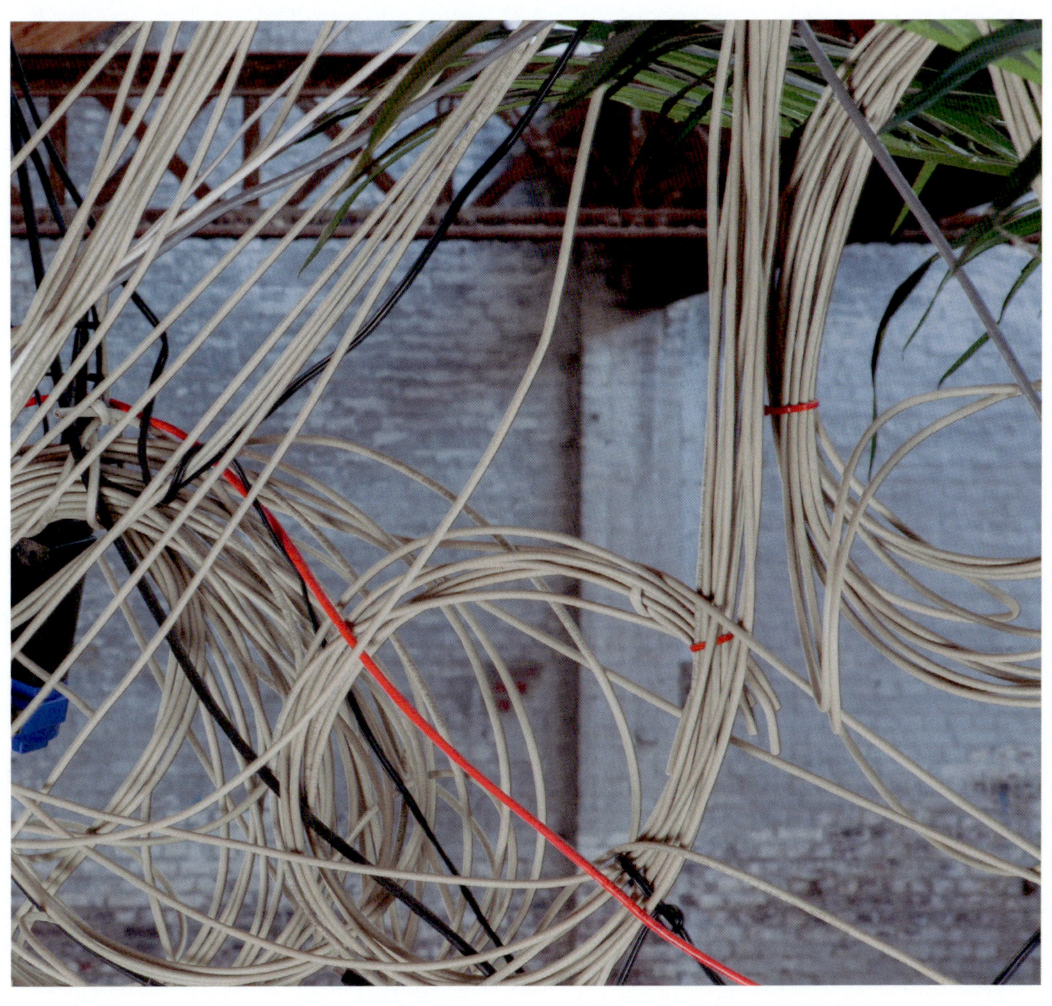

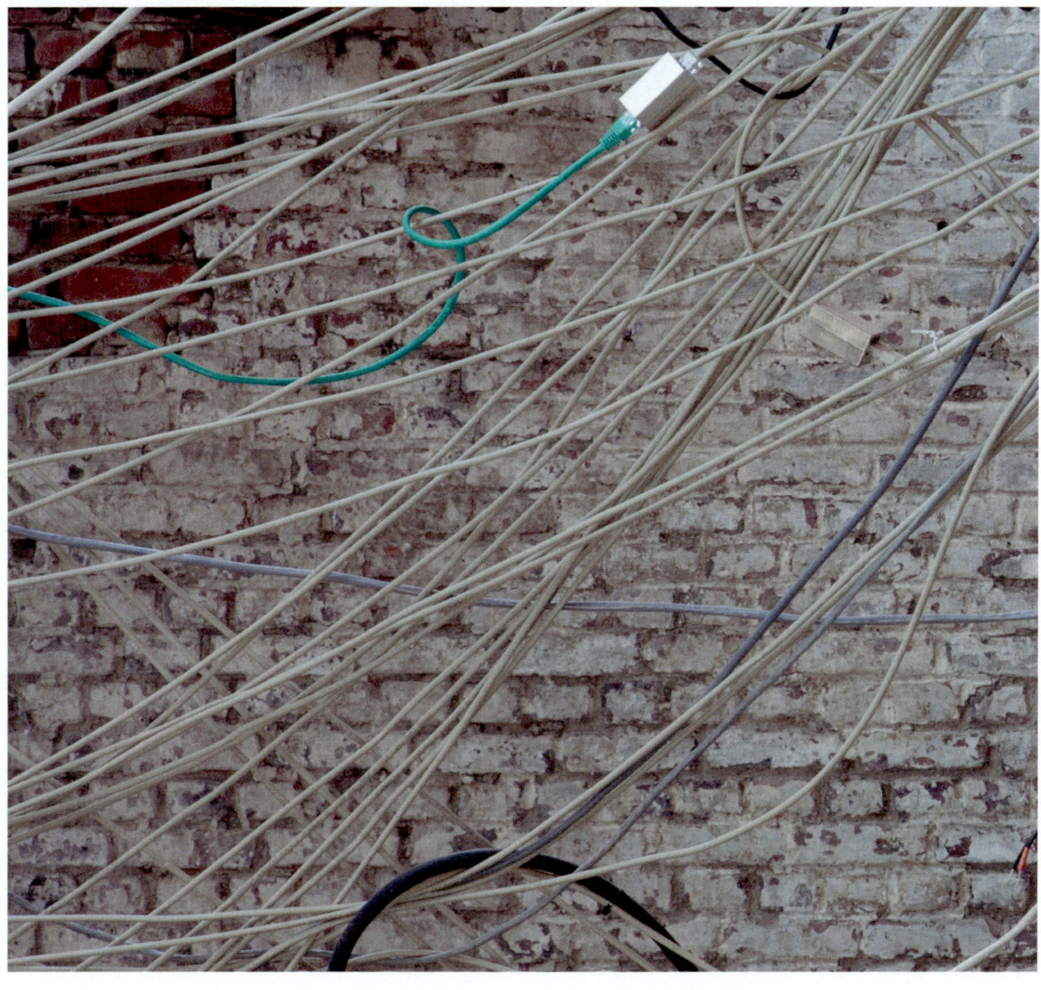

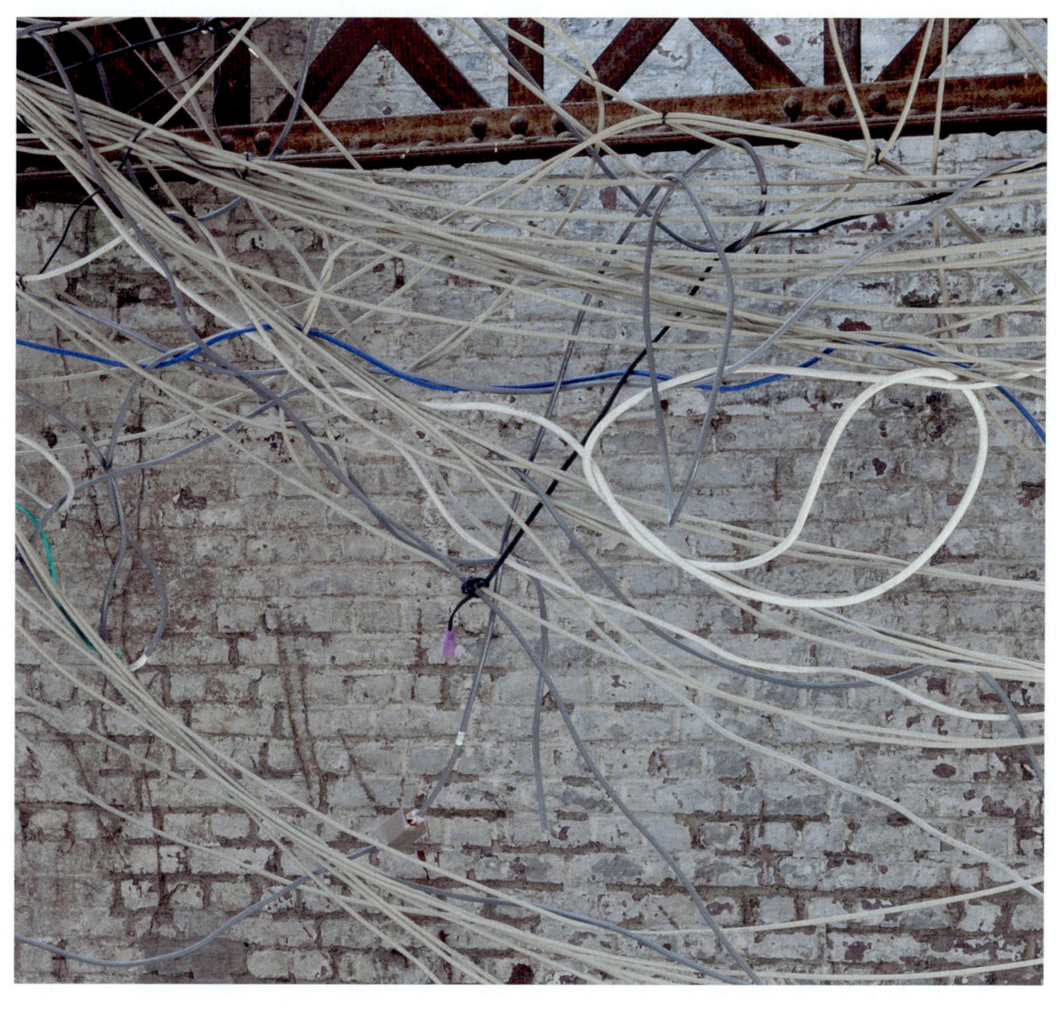

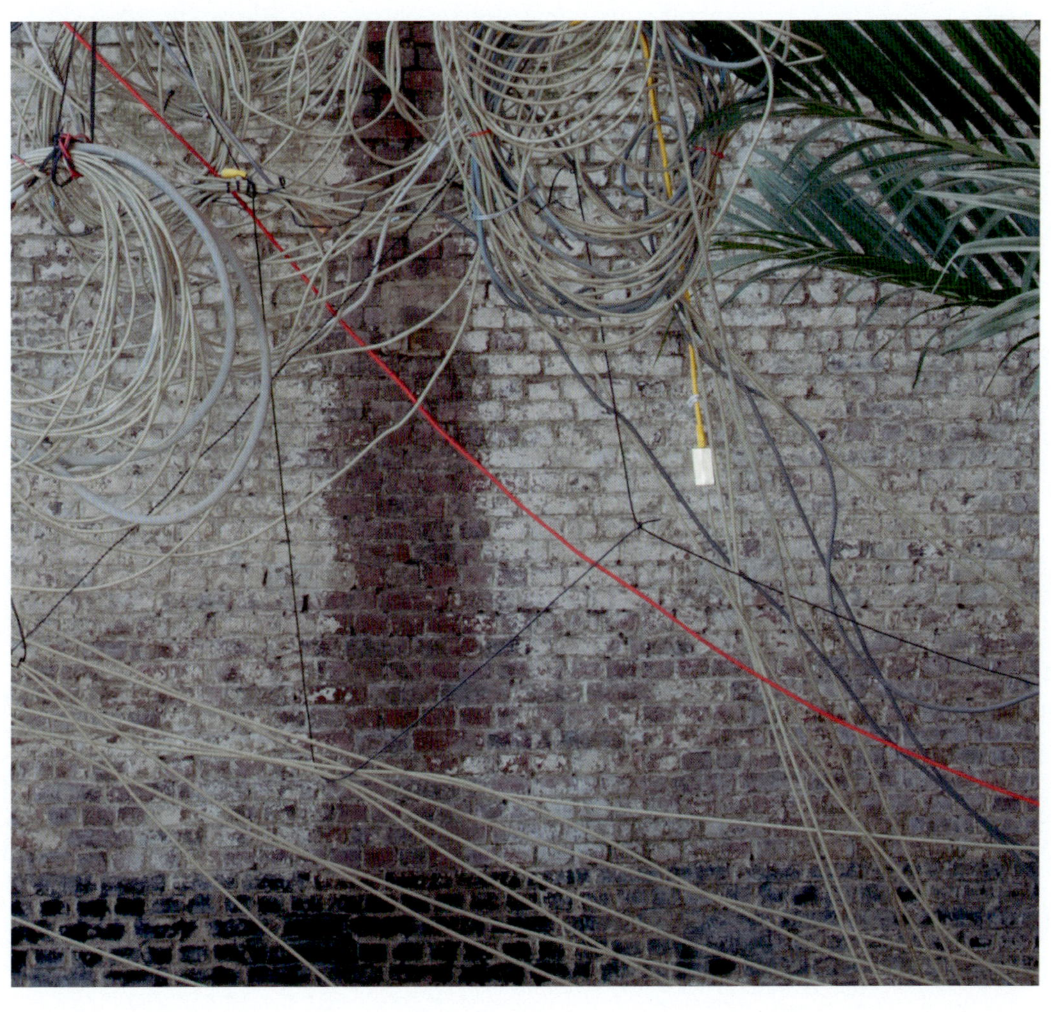

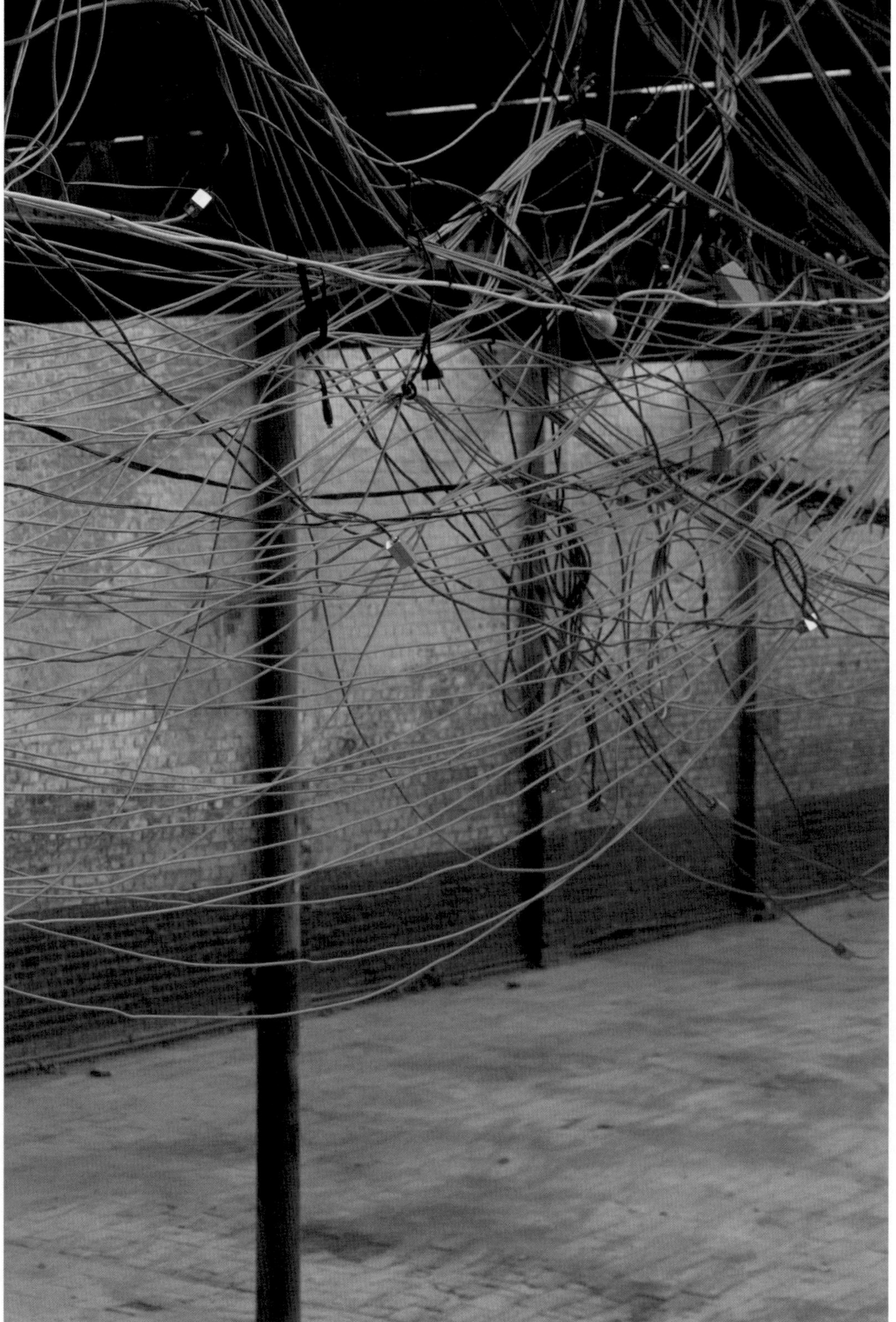

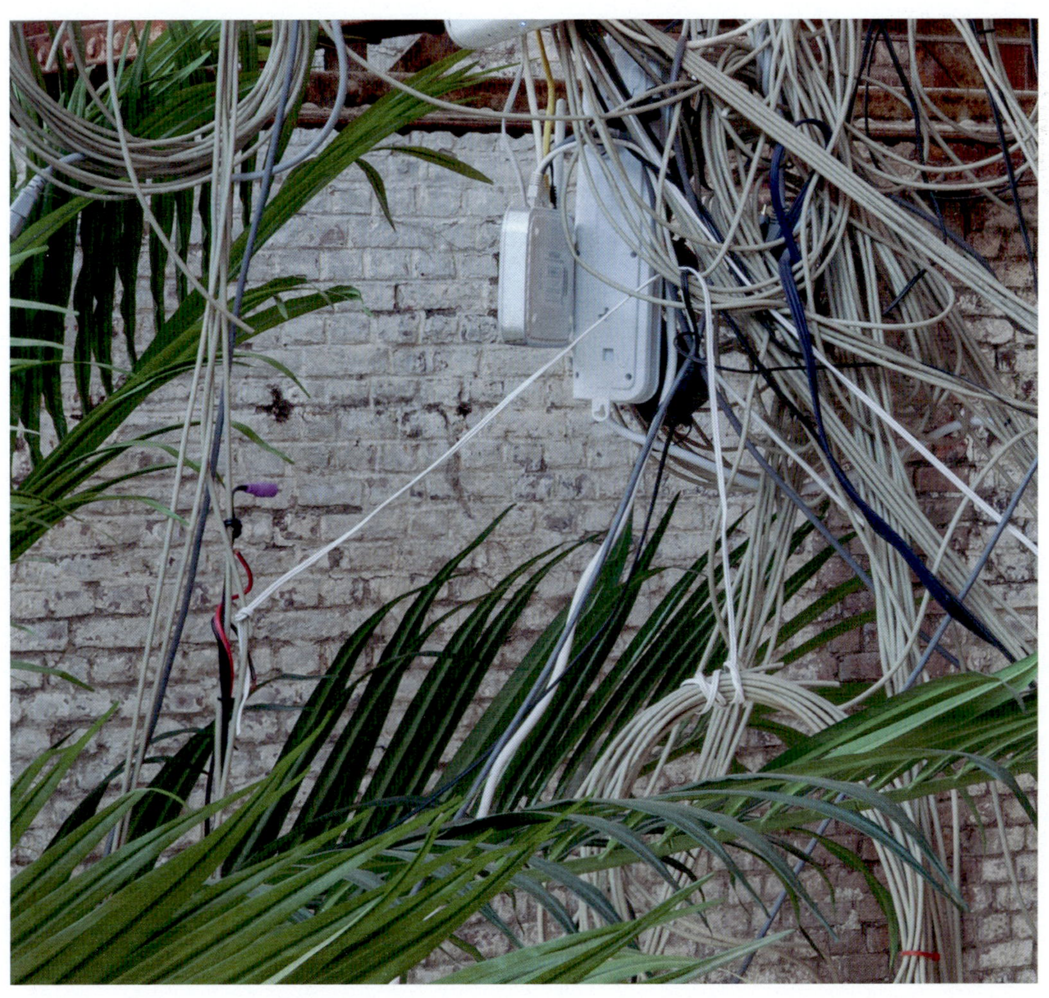

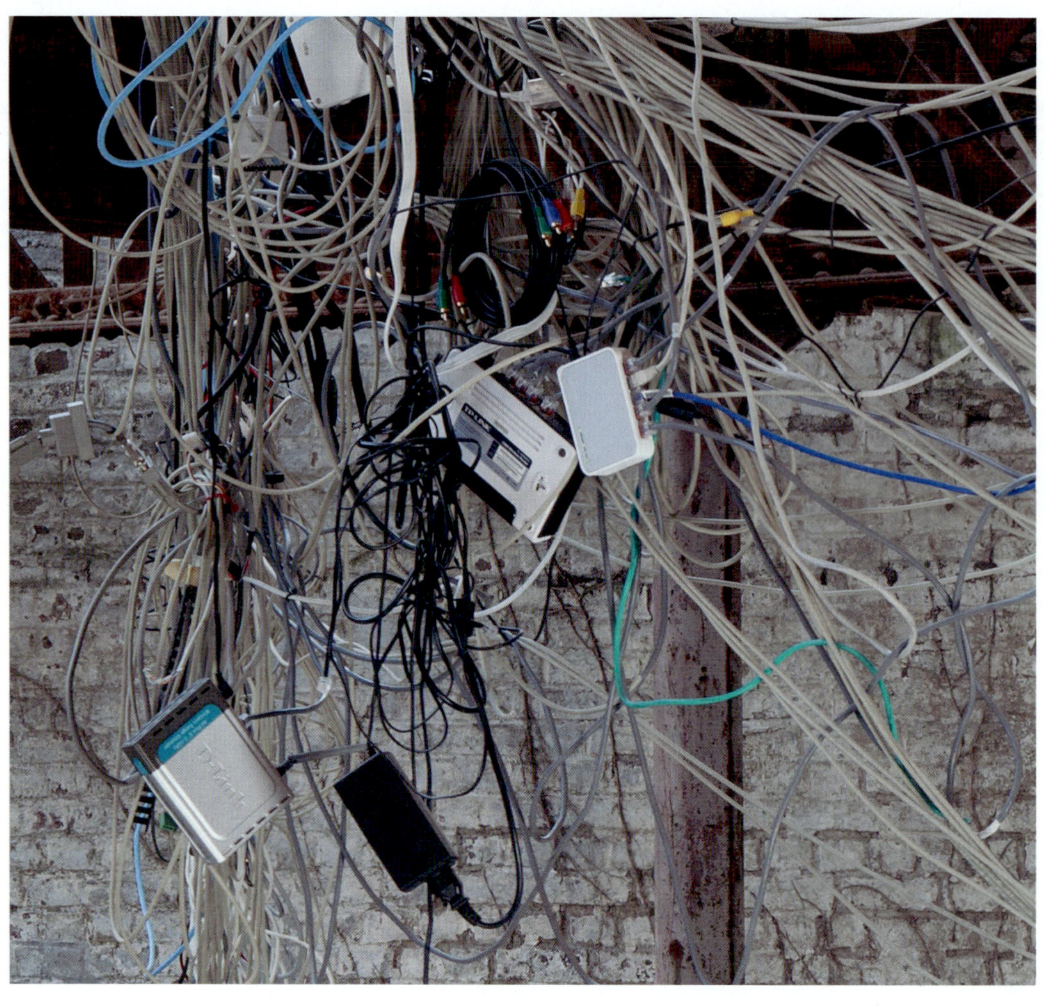

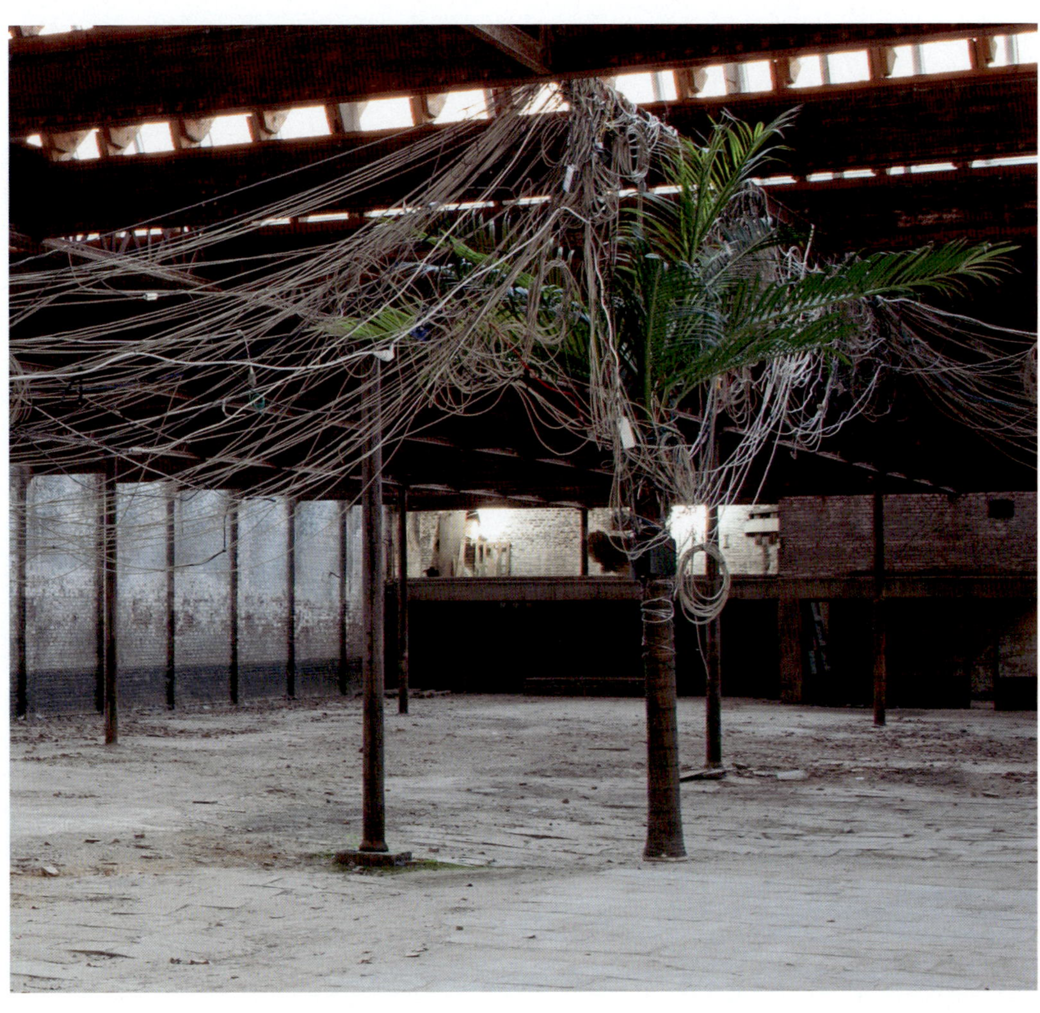

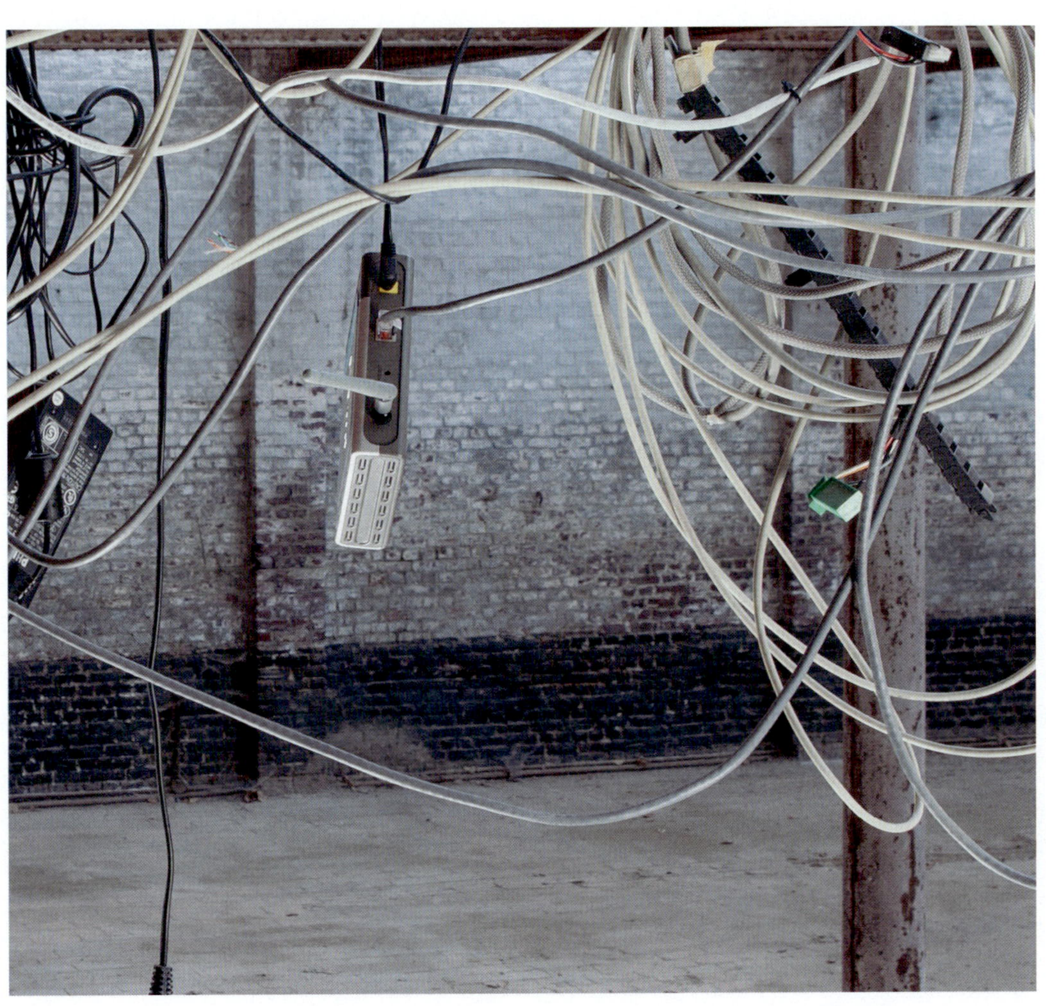

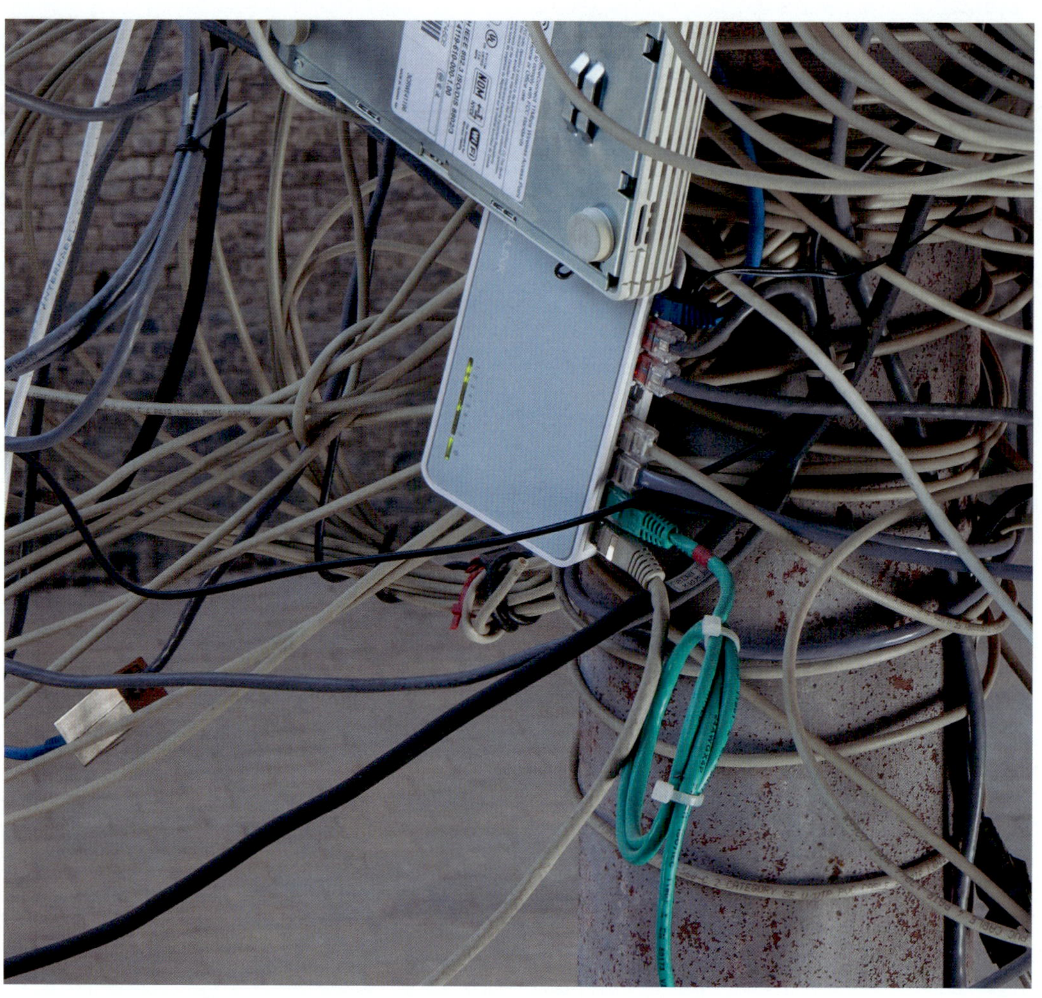

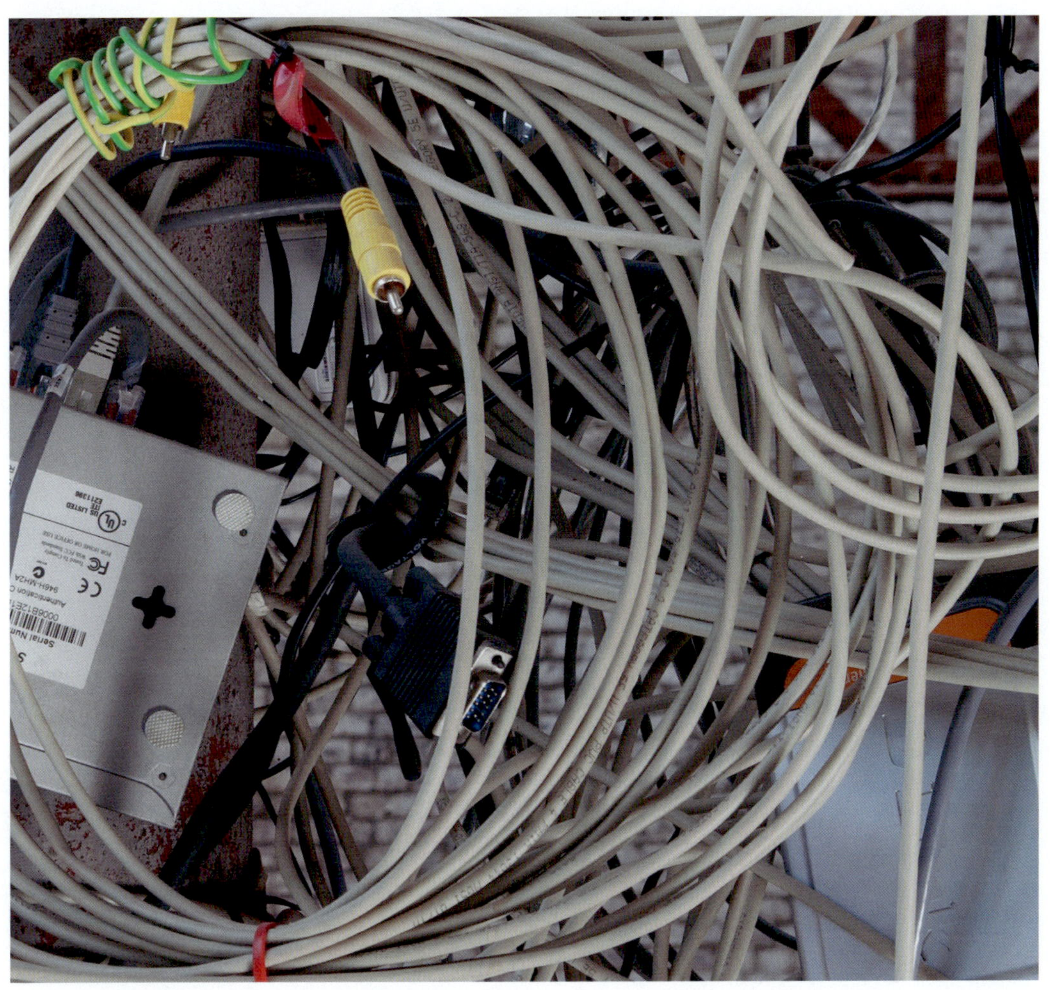

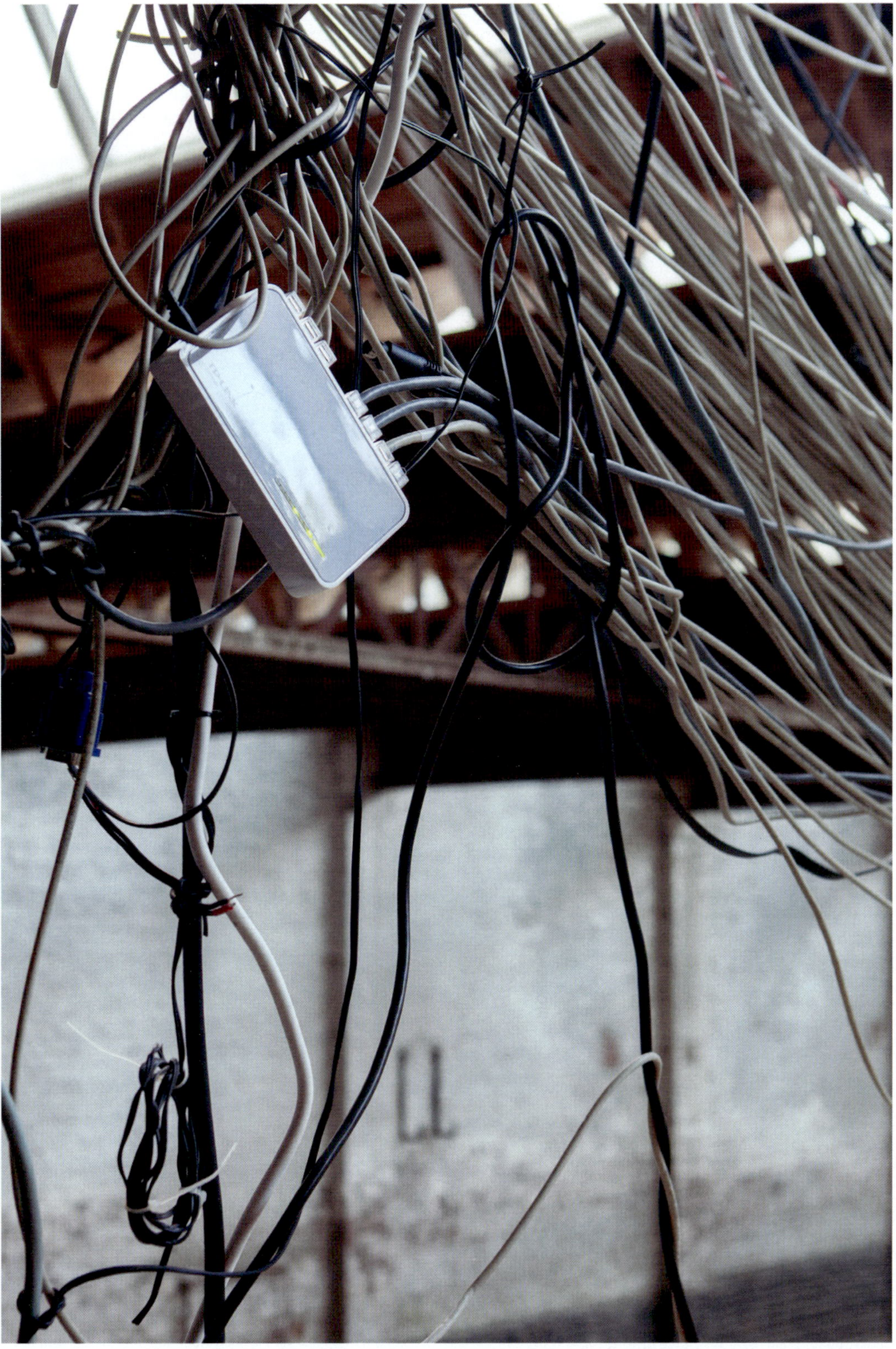

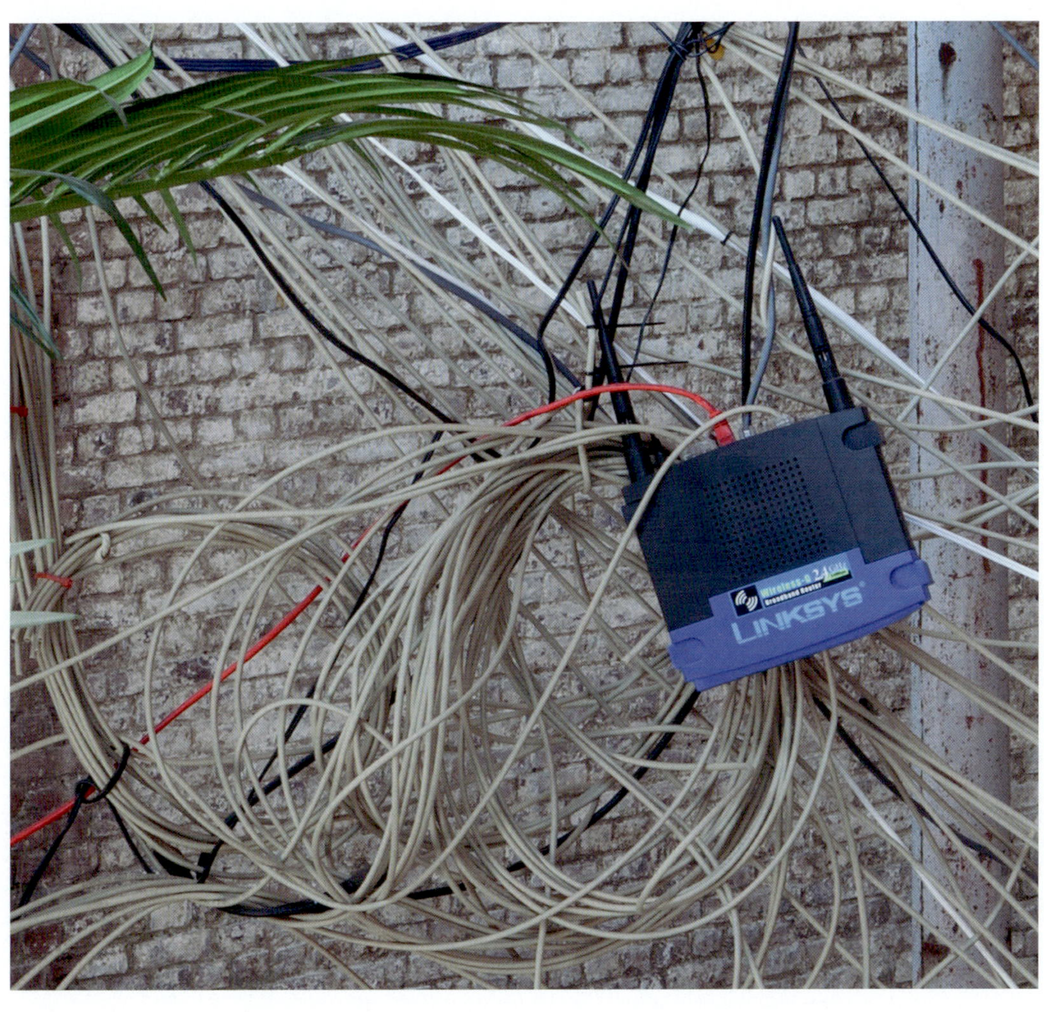
Wireless-G 2.4GHz
Broadband Router
LINKSYS

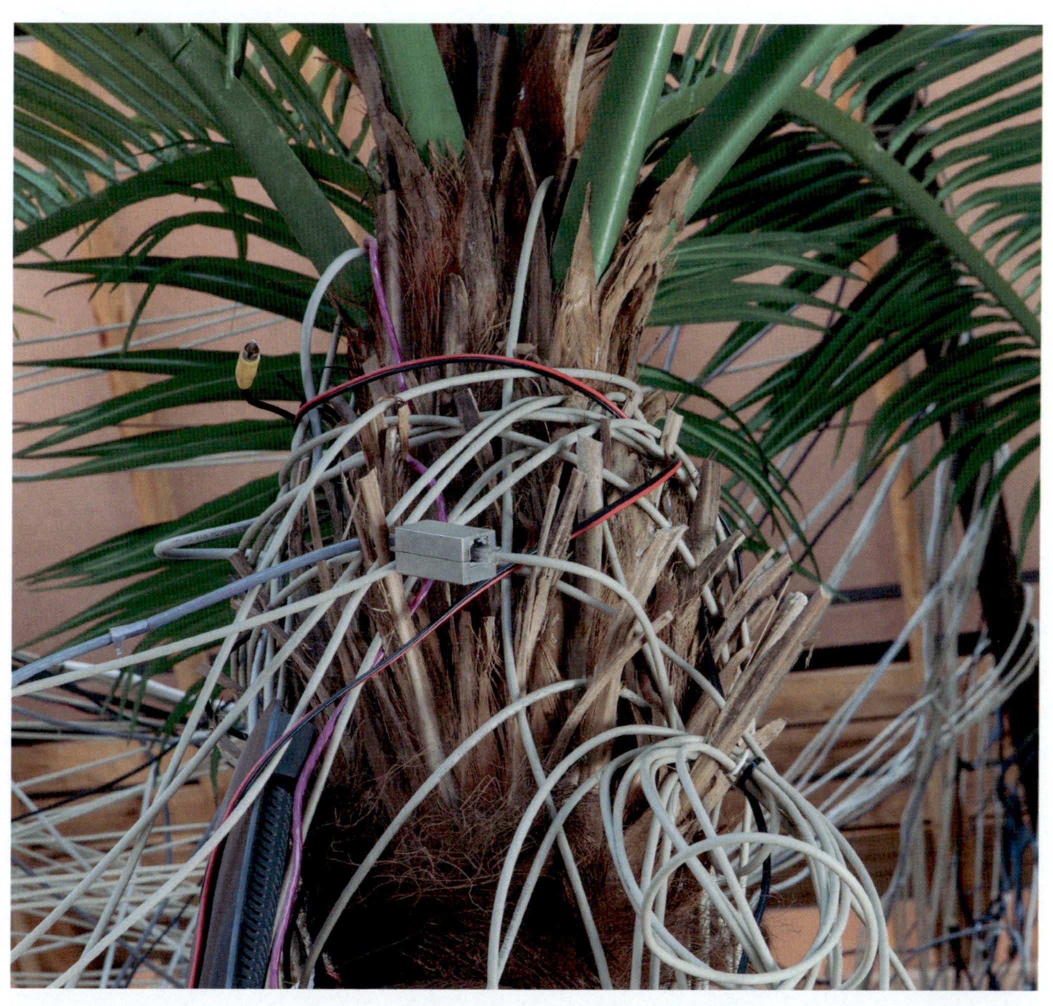

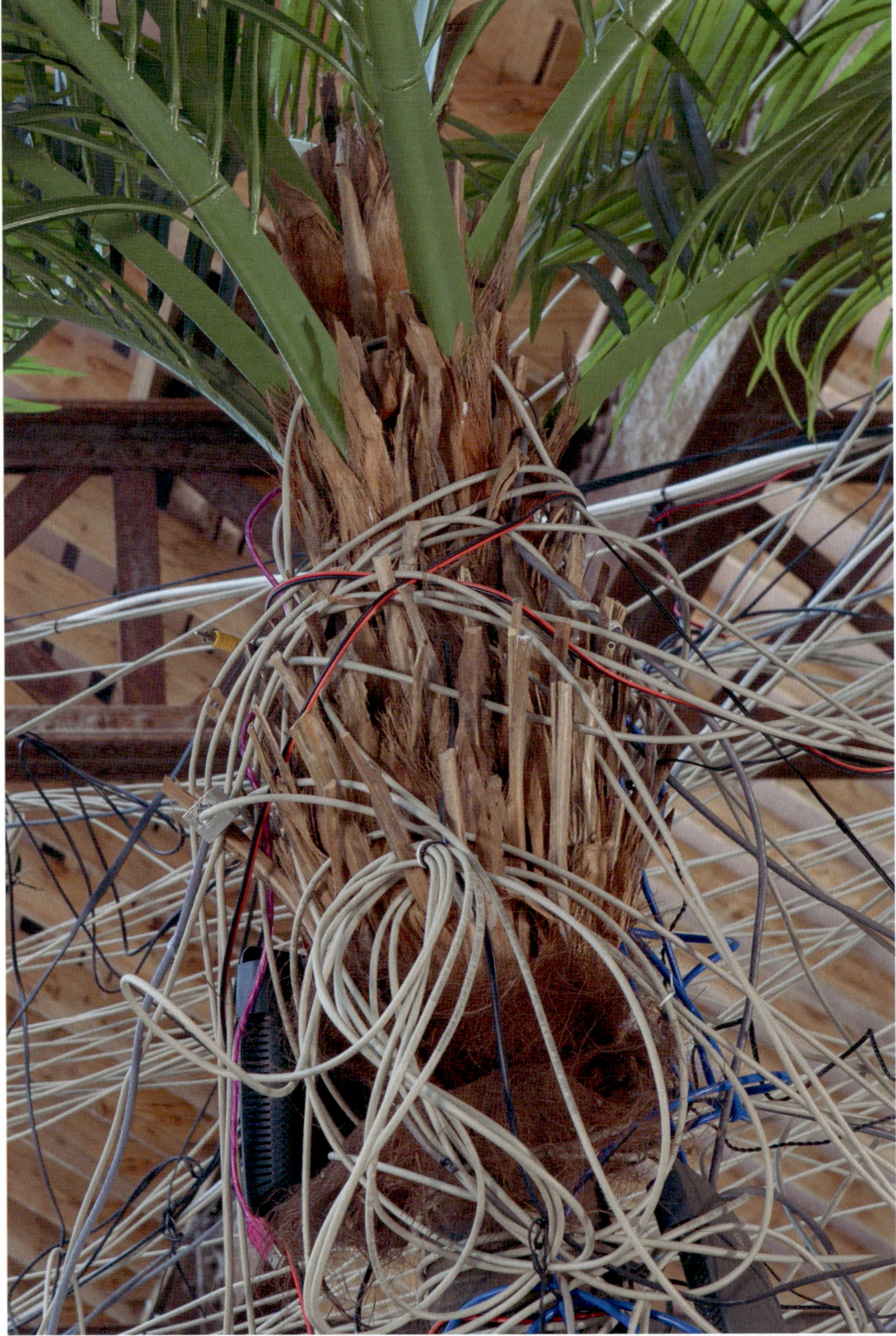

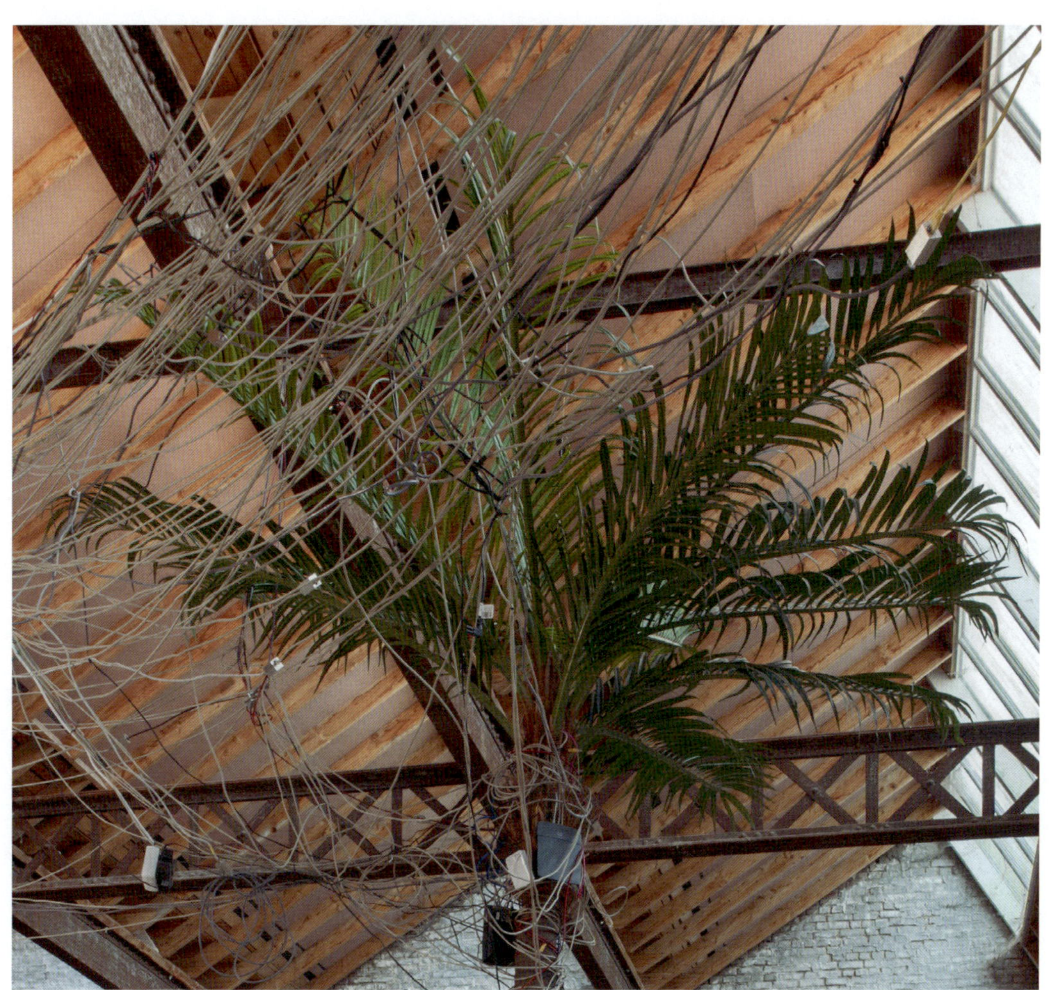

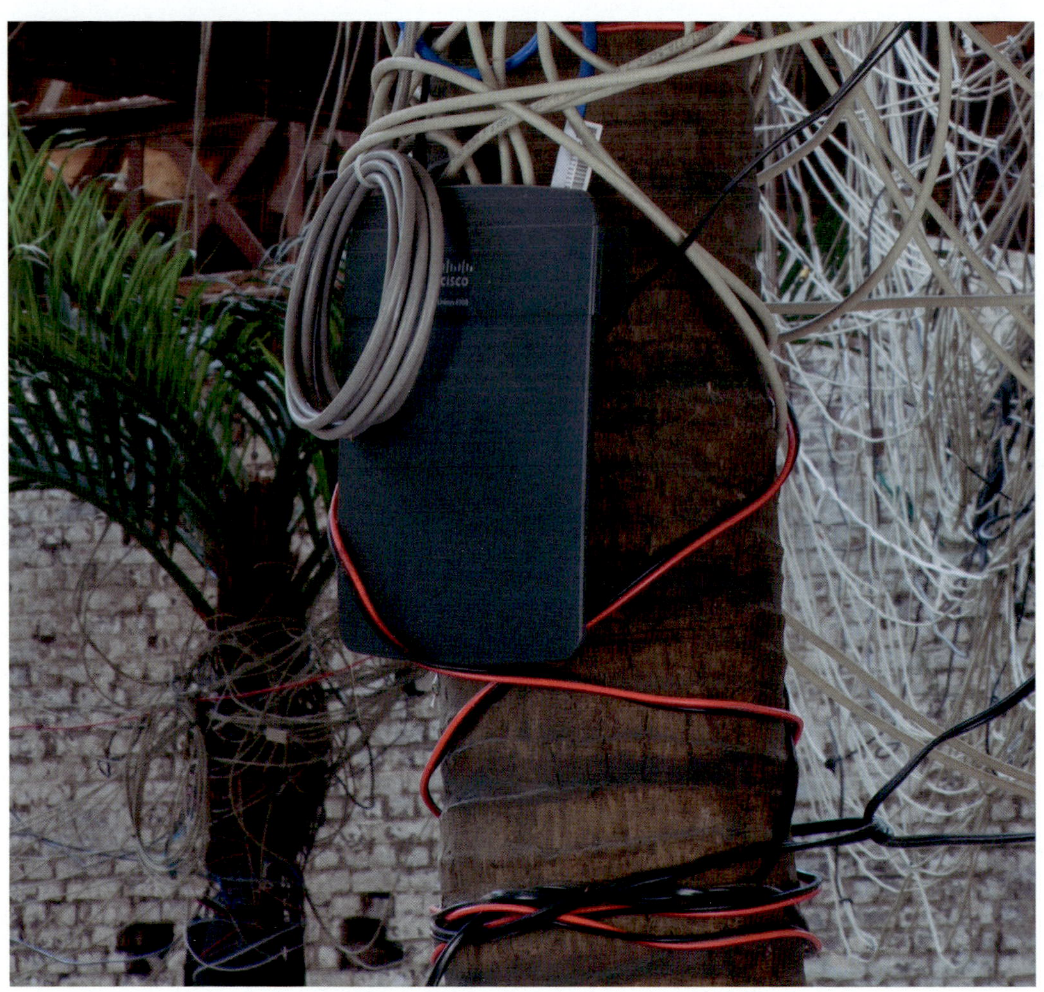

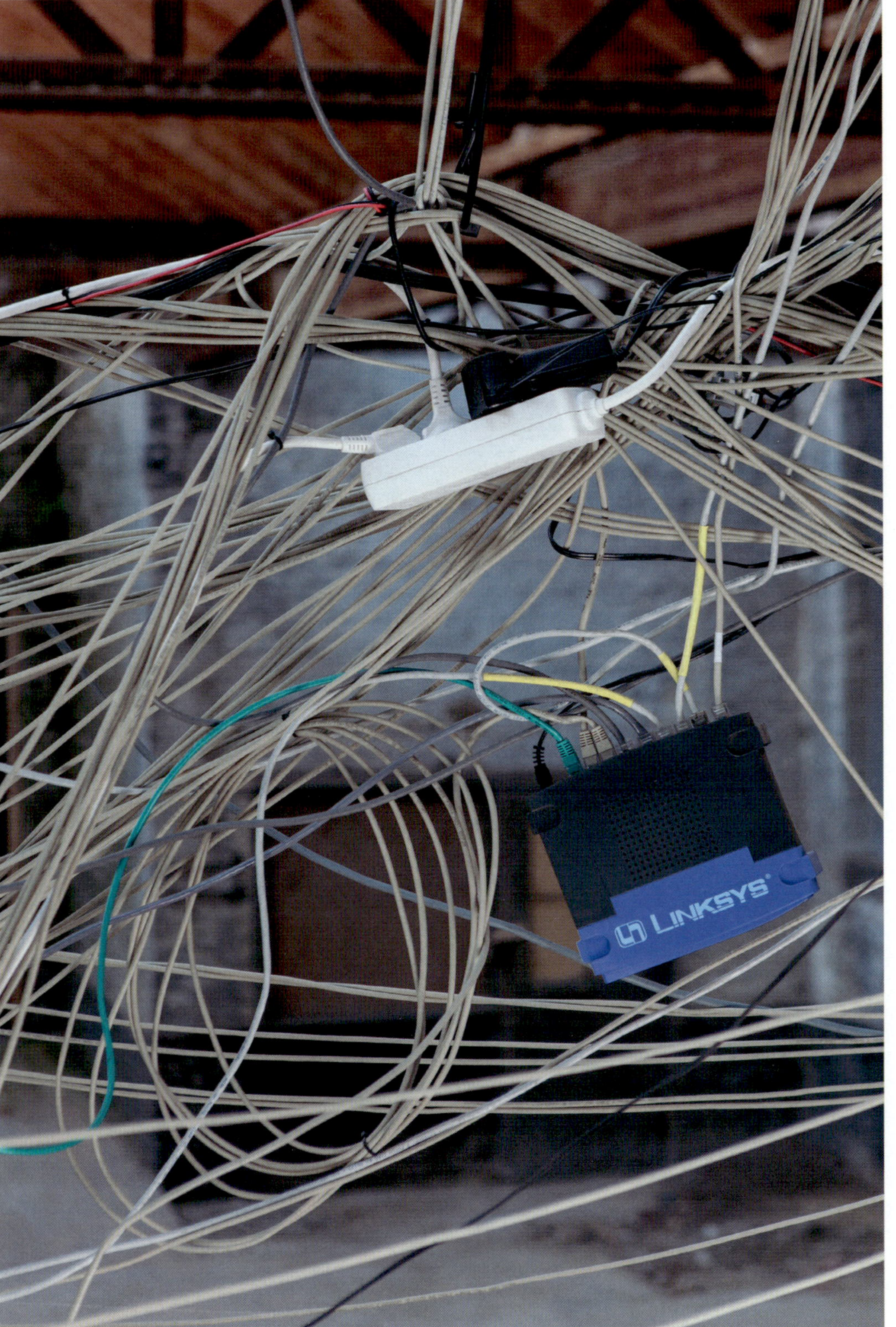

LINKSYS

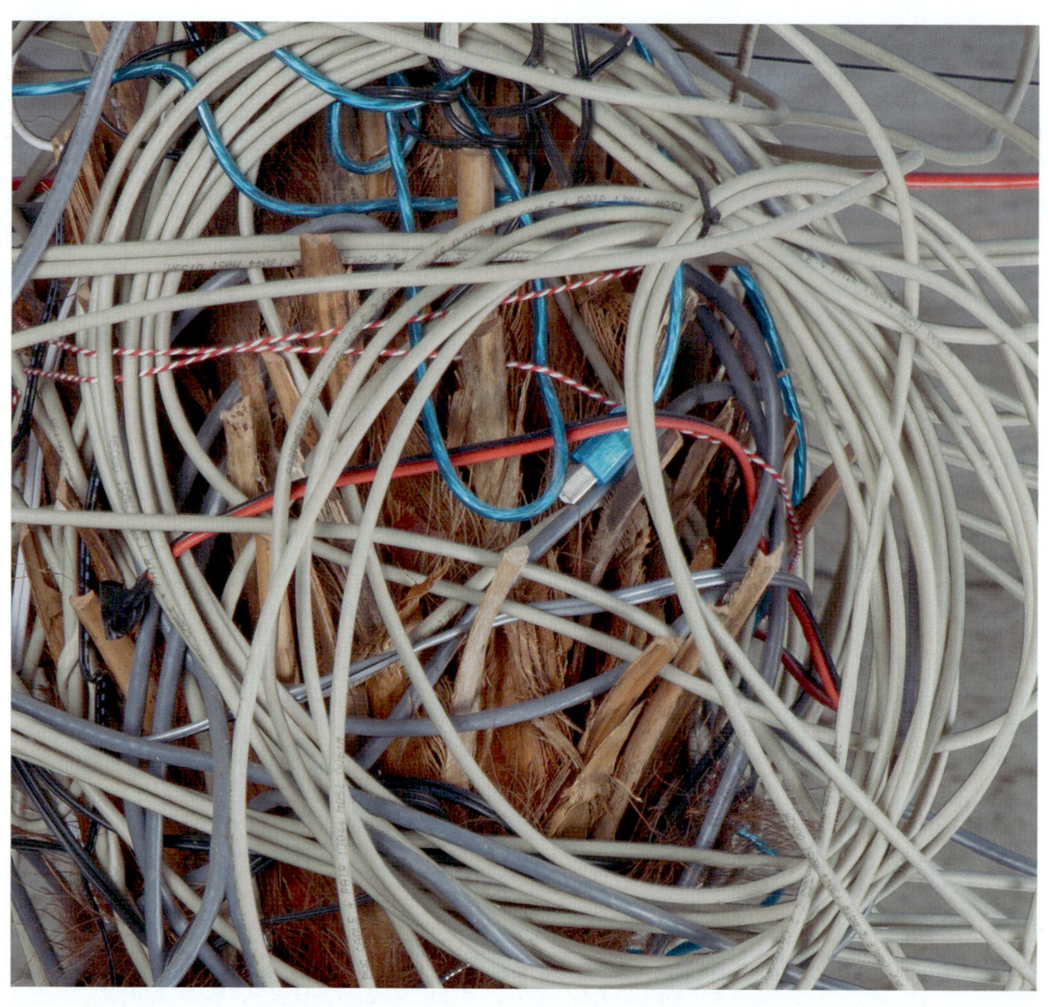

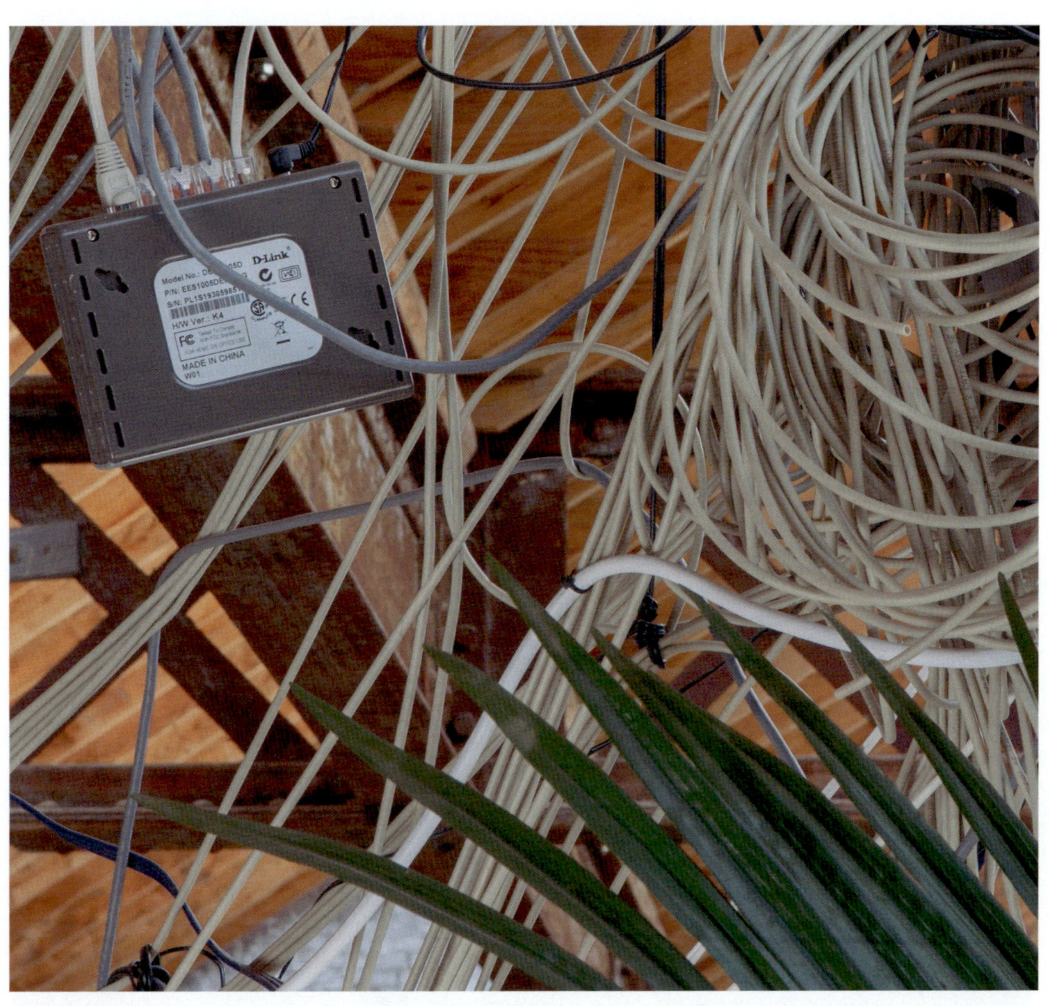
D-Link
Model No.: DES-1005D
P/N: EES1005DE
S/N: PL1S19305985
H/W Ver.: K4
MADE IN CHINA
W01

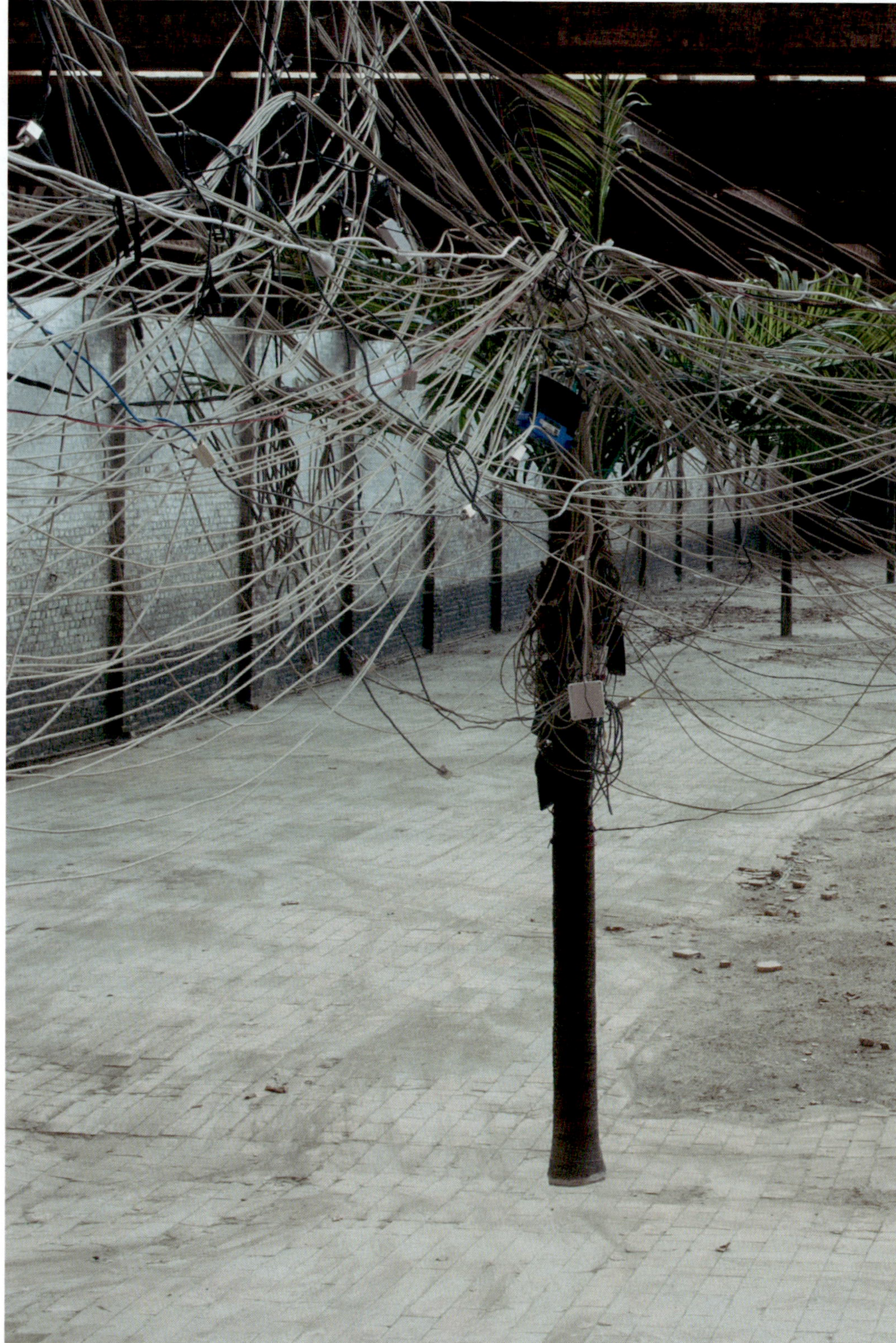

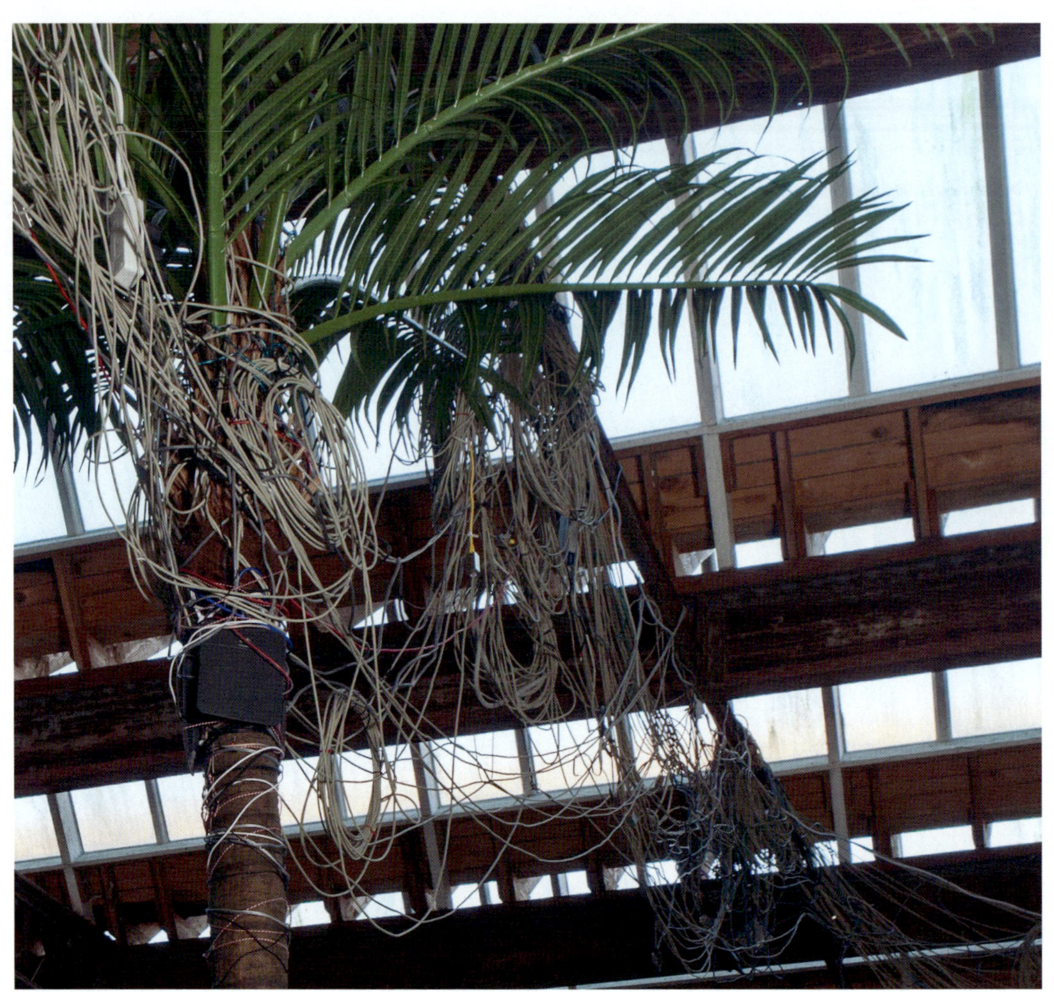

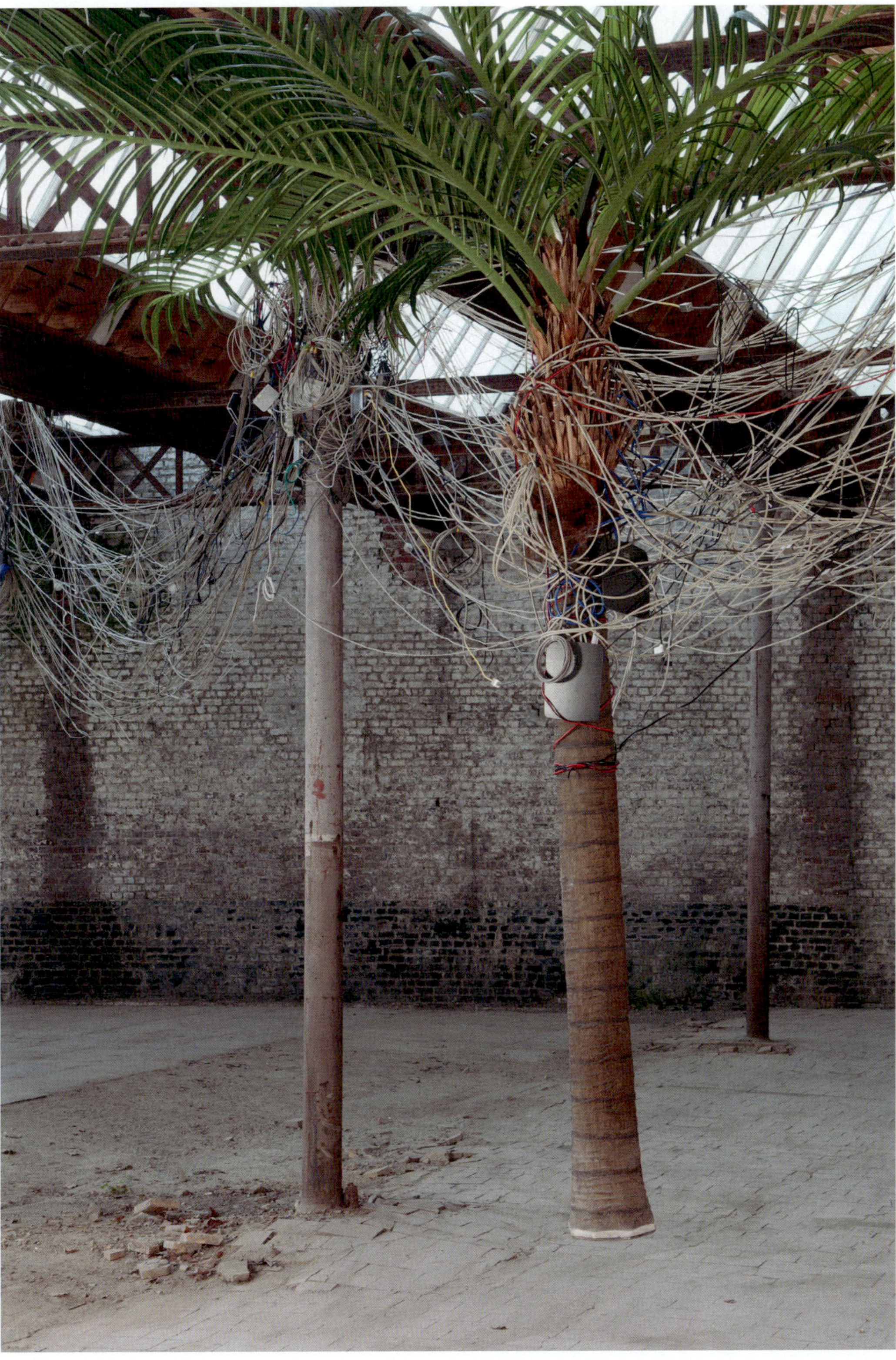

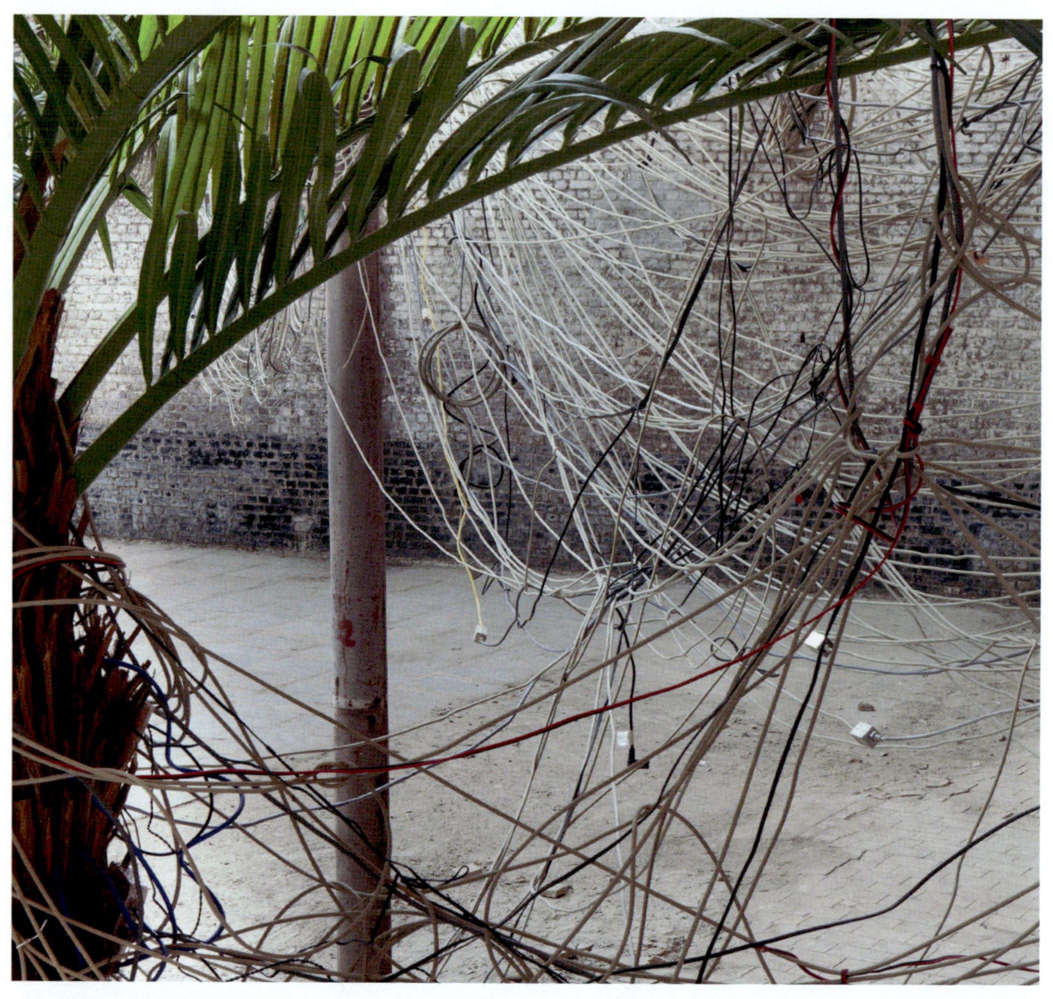

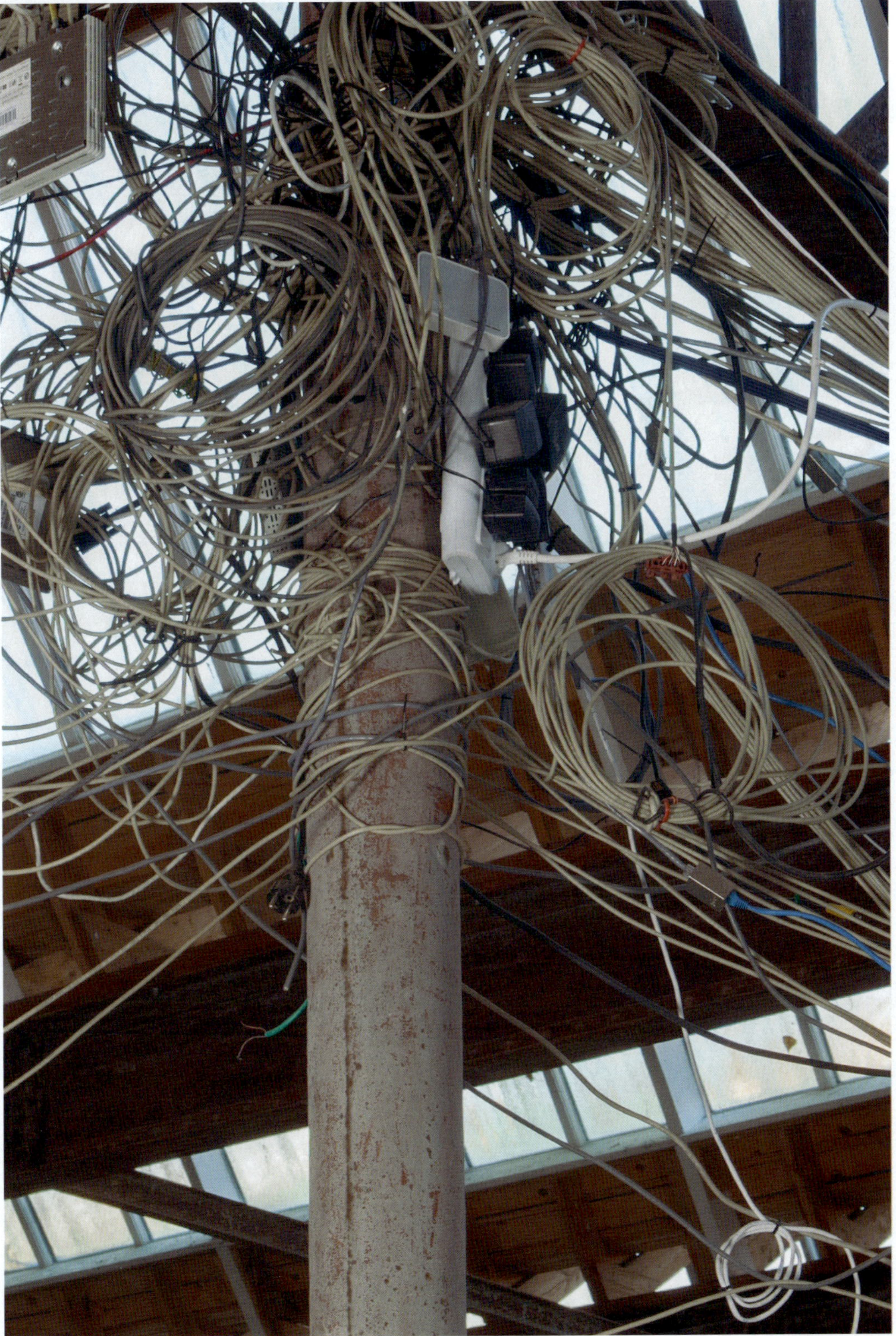

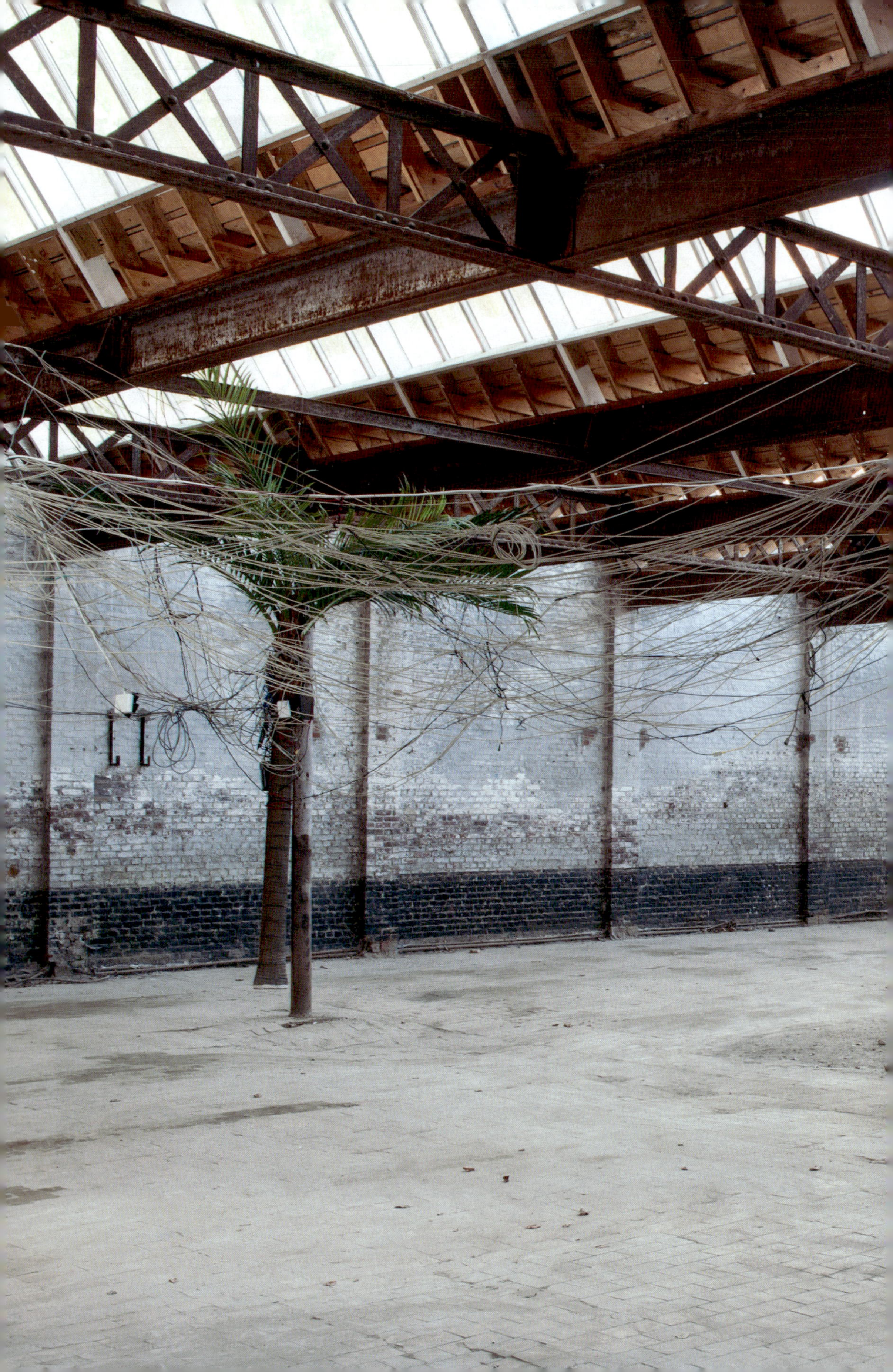

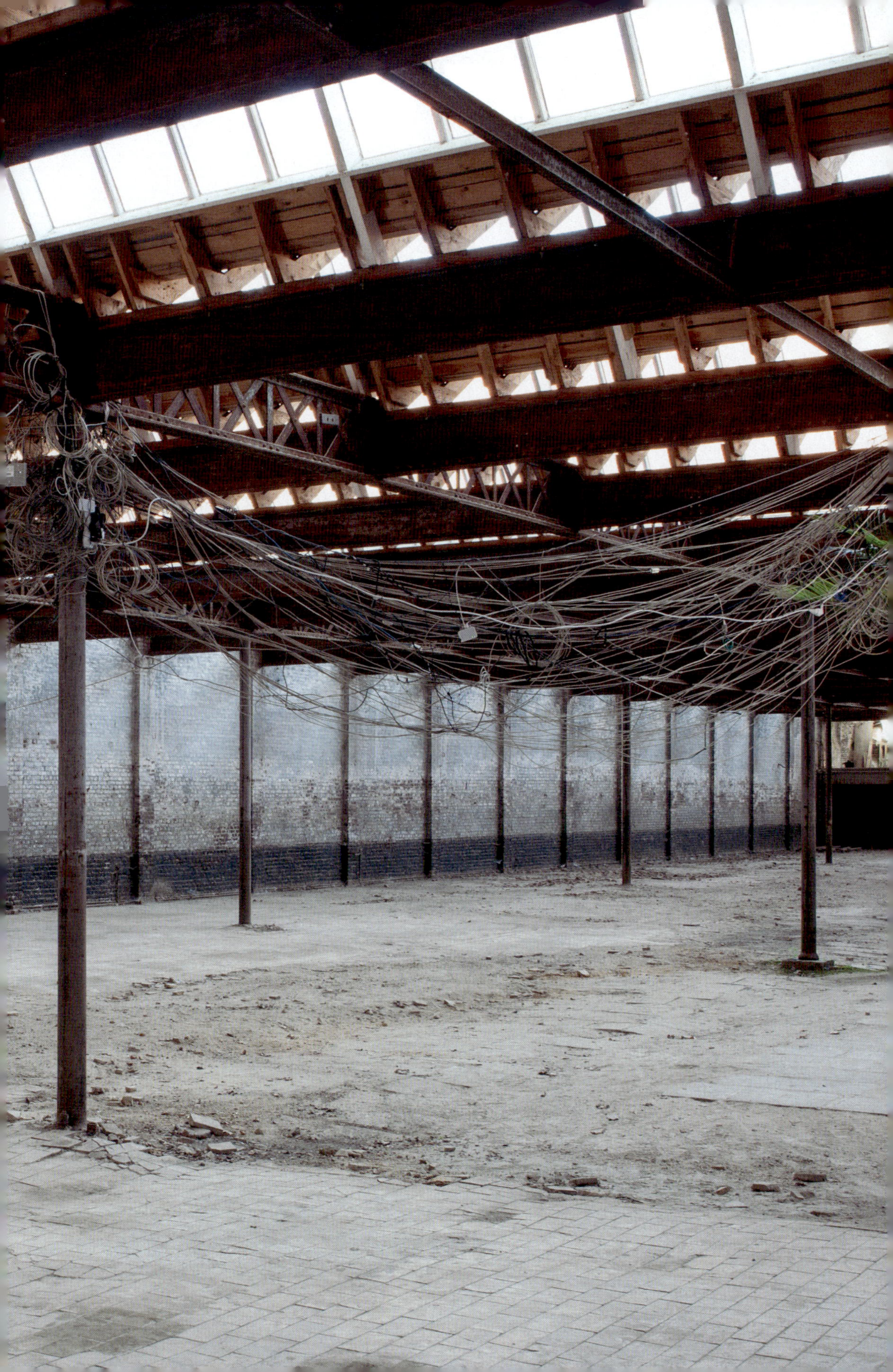

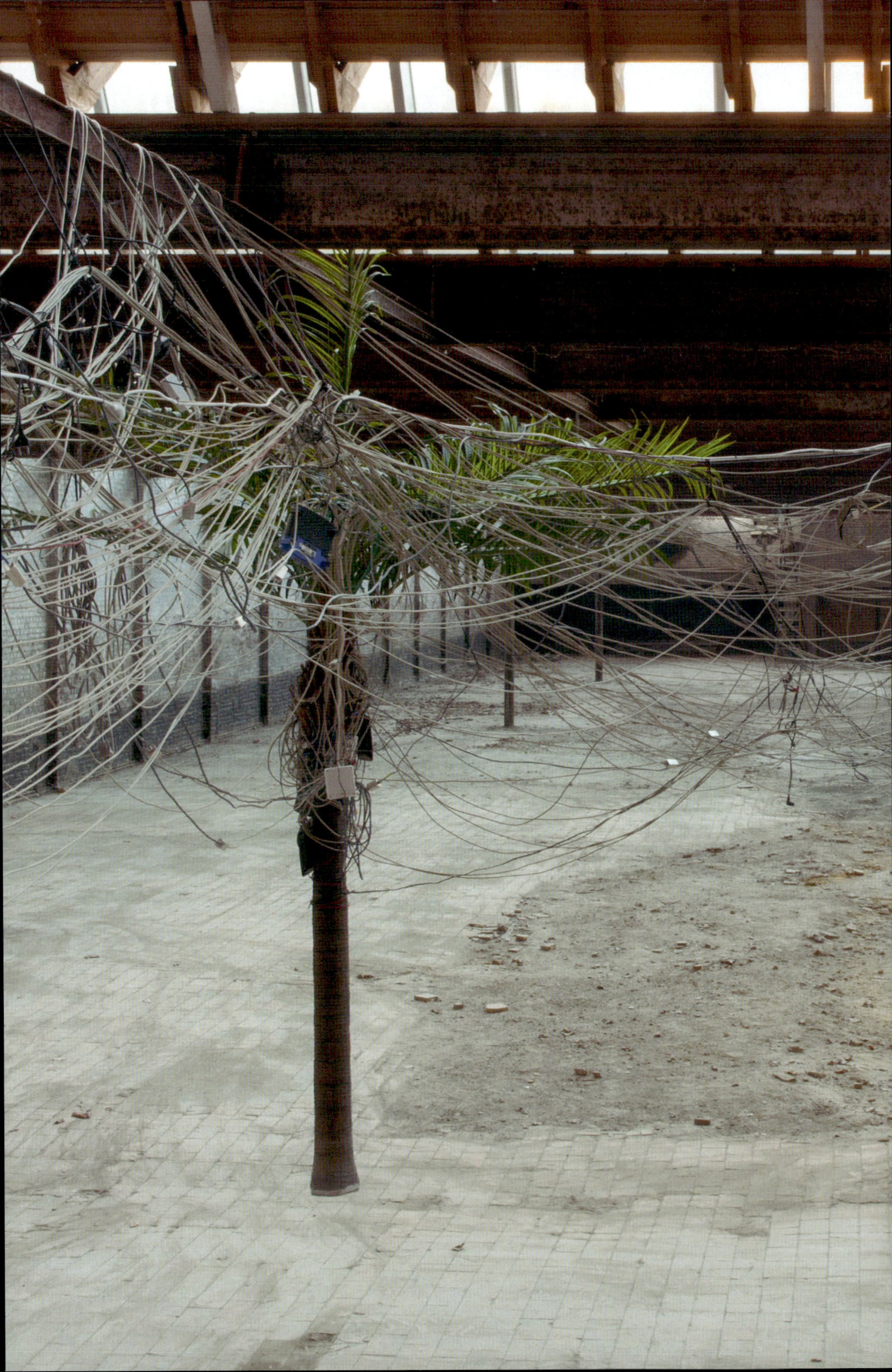

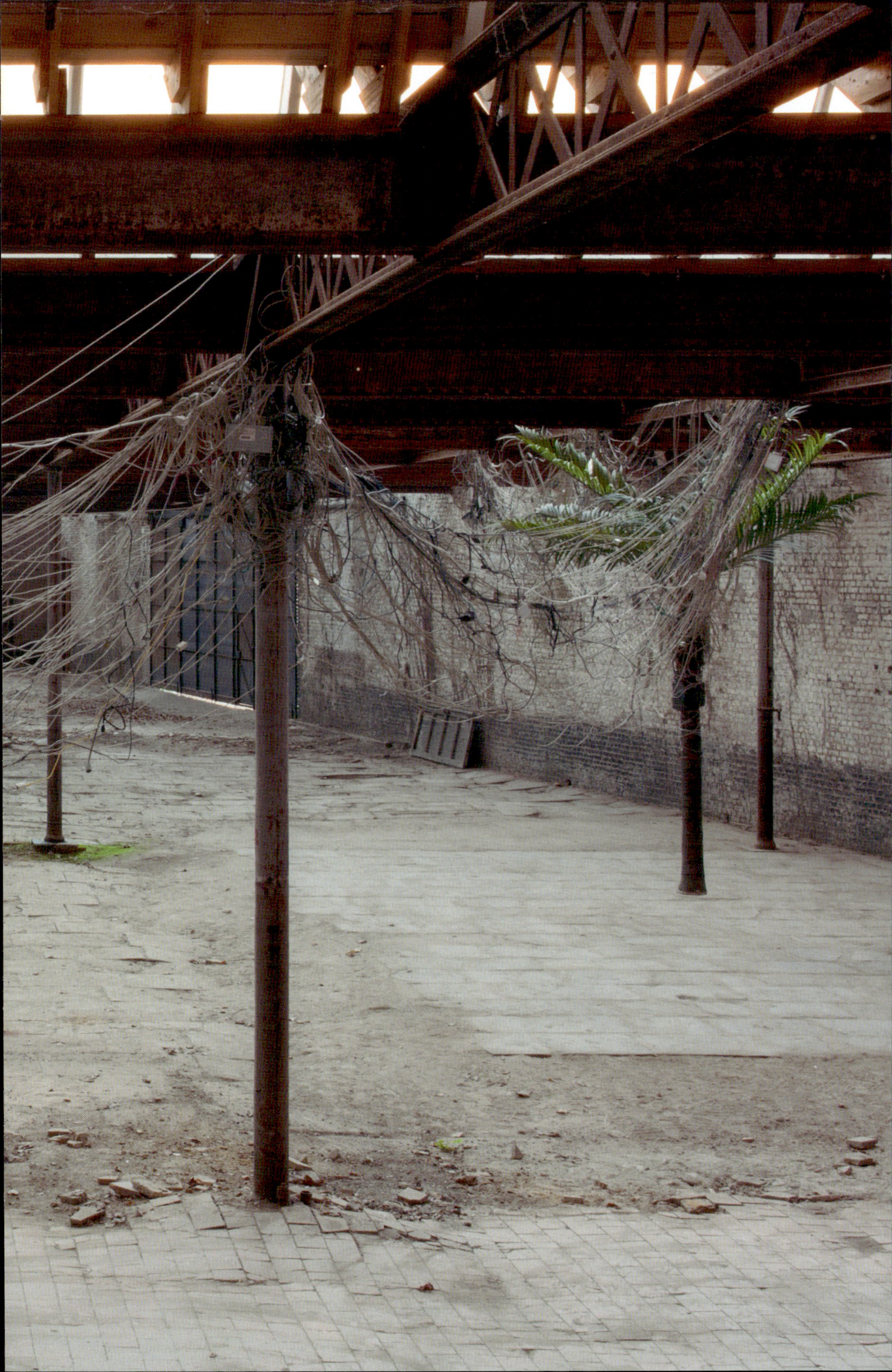

De eenzame toeschouwer in Liebaert Projects voelt zich de allerlaatste mens in een postapocalyptische wereld. Mensen en dieren zijn stof geworden. Bomen en planten zijn vermolmd. Een venster zonder glas biedt een panoramisch uitzicht op een nieuwe wereld.

In het zachte licht dat gelijkmatig door de dakramen binnenvalt, lijkt de zwaartekracht opgeheven. Een paar palmbomen zweven in de ruimte. Ze hebben hun wortels in de grond achtergelaten, maar hun bladeren zijn nog blakend groen. Is het een oase in de woestijn?

Tussen de stammen van de bomen en de pijlers die oprijzen naar het licht hangt een wirwar aan kabels. Ze lijken met elkaar vergroeid zoals lianen in een oerwoud. Hier en daar knippert een lichtje. Een zacht pulseren dat op leven lijkt te duiden.

Dorstig daal ik af in de woestijn en word deel van het beeld waar ik net nog door het venster heb naar staan kijken. De kabels hangen boven mijn hoofd in een lange, kronkelige baan. Hier en daar zenden modems signalen uit. In deze verlaten wereld lijken het noodsignalen. Ik probeer ze op te vangen met mijn iPhone. Op mijn display verschijnt onder 'Gekozen netwerken': 'Unforced', 'Errors', 'In', 'The', 'Desert' en '2013'.

2013 klinkt in deze woestijn als een getal dat niets met een recent verleden te maken heeft. Vanuit een ver punt in de toekomst kijk ik terug naar een wereld die is opgehouden te bestaan. De jonge kunstenaar Joachim Coucke toont in zijn installatie de overblijfselen van de digitale wereld. Een schok om vast te stellen dat dit verleden vandaag is.

De mensheid staat nog maar aan het begin van een nieuw digitaal tijdperk. Nooit eerder was het voor zoveel mensen zo eenvoudig om informatie tot zich te nemen en te verspreiden. Nog maar twee miljard mensen zouden zijn aangesloten op het internet. Maar waarschijnlijk zullen op een dag in de nabije toekomst alle zeven miljard aardbewoners met het internet verbonden zijn.

The lonely spectator in Liebaert Projects feels like that final human being in a post-apocalyptic world. Man and animal have become dust. Trees and plants have turned to mush. A glassless window offers a panoramic view on a new world. In the soft light, dispersed through the skylights, gravity itself seems to have been cancelled out. A few palm trees sway in the space. They have left their roots in the earth, but their leaves are still lush and green. Is it an oasis in the desert?

In between the tree trunks and the pillars that rise up towards the light hangs a tangle of cables. They seem to be intertwined like lianas in a jungle. Here and there a light blinks off and on; a soft pulse that seems to indicate life. Thirstily I descend into the desert and become a part of the image that I was just looking at through the window. The cables dangle above my head in their long, meandering tracks. Here and there modems transmit signals. In this deserted world they sound like signals of distress. I try to connect to them with my iPhone. On my display the chosen networks show up as 'Unforced', 'Errors', 'In', 'The', 'Desert' and '2013'.

In this desert 2013 sounds like a figure that has nothing to do with a recent past. From a distant point in the future I look back at a world that has ceased to exist. In his installation, the young artist Joachim Coucke shows the remains of a digital world. It is a shock to realize that this past is today.

Humanity is only at the beginning of a new digital age. Never before was it so easy for people to have access to information and to spread it. Only two billion people are connected to the Internet. But probably, one day in the near future, all seven billion inhabitants of the earth will be connected.

The Internet is supposed to connect people and give everyone the feeling they are the centre of the world. Nobody moves in the periphery any more. Who could have anything against that? But what I wonder is: is the World Wide Web actually the real world? Are illiterates of the Internet less able

Het internet wordt verondersteld mensen met elkaar te verbinden en ieder het gevoel te geven het centrum van de wereld te zijn. Niemand beweegt zich meer in de periferie. Wie kan daar iets op tegen hebben? Maar wat ik me afvraag: is het World Wide Web wel de échte wereld? Begeven internet-analfabeten zich soms minder in die wereld? Zijn ze minder gelukkig of gezond? Zijn mensen die het internet niet gebruiken soms minder sociaal?

Geen woord is in het internettijdperk zo aan inflatie onderhevig als het woord 'sociaal'. Wat is er sociaal aan al die mensen die de hele tijd met hun smartphone en tablet in de weer zijn? Die al telefonerend rondrijden en nauwelijks rekening houden met andere weggebruikers?

Het is niet omdat je zogenaamd met iedereen contact hebt en omdat alle informatie binnen handbereik ligt, dat je daarom sociaal bent. De sociale media zijn het perfecte alibi om volstrekt asociaal te kunnen zijn. De vrienden die mensen via de sociale platforms zouden hebben, zijn in de meeste gevallen slechts virtueel. Het gaat niet om vrienden, maar om het idee van vrienden.

Ik zag laatst een televisiereclame voor een nieuwe smartphone. 'You are who you know. Close friends, work friends, boyfriends, girlfriends, old friends and new ones. And when they become part of your life, they become a part of what makes you truly you… amazingly social.' Is de man die vergroeid is met zijn smartphone soms verbazingwekkend sociaal?

Als je de hele dag achter je beeldscherm zit of op je iPhone aan het kijken bent, heb je geen tijd om om je heen te kijken. Je vergeet wie er naast je zit in de trein. Buren zijn je Facebook-vrienden aan de andere kant van de wereld en niet zozeer de mensen die naast je wonen.

In mijn dorp zaten vroeger veel mensen voor hun deur naar de voorbijgangers te kijken. Nu zitten ze binnen achter hun beeldscherm. De mensen waar ze nu naar kijken, zijn niet meer van vlees en bloed, maar van pixels gemaakt.

Uit onderzoek blijkt dat oudere mensen minder met het internet bezig zijn dan jongere mensen, maar wel veel meer tijd

to enter that world? Are they less happy, less healthy? Are people who don't use the Internet less sociable or social?

No word has been more subject to inflation than the word 'social'. What is social about people who are constantly checking their smartphones and tablets? Those who drive around using their phones and barely paying attention to other road users?

It is not because you are in so-called contact with everyone and that all information is within hand's reach, that you are therefore social. The social media are the perfect alibi to be antisocial to the extreme. The friends people connect with through social platforms are in most cases nothing more than virtual. It's not about friends, but about the idea of friends.

Recently I saw a television advertisement for a new smartphone. 'You are who you know. Close friends, work friends, boyfriends, girlfriends, old friends and new ones. And when they become part of your life, they become a part of what makes you truly you… amazingly social.' Is the man who is existentially conjoined with his smartphone amazingly social?

If you sit behind a screen all day or are constantly checking your iPhone, you have no time to look around you. You forget whom you are sitting next to in the train. Your neighbours are your Facebook friends on the other side of the world and not the people who live alongside you.

In my village people used to sit by their front door watching the passers-by. Now they sit inside behind their computer screens. The people they are watching now are no longer made of flesh and blood, but pixels.

Research shows that older people are less preoccupied with the Internet than younger people, but they do spend more time with neighbours and family. Soon there won't be any people left anymore who care about those in their immediate surroundings.

And what do you mean, communicating? During a taxi journey the driver is continuously on the phone and browsing and in the meantime he is in contact with the taxi office; the navigation system is on, so he doesn't have to think about the route. When I get out of the car he takes the money while

doorbrengen met buren en familie. Straks zijn er helemaal geen mensen meer voor wie hun directe omgeving nog van belang is.

En hoezo communiceren? Tijdens een taxirit zit de chauffeur voortdurend te telefoneren en te browsen en intussen heeft hij contact met de taxicentrale en staat de TomTom aan zodat hij niet hoeft na te denken over hoe hij moet rijden. Als ik uitstap, neemt hij al telefonerend het geld in ontvangst en weg is hij. Ik weet zeker dat hij niet zou kunnen vertellen hoe de man die hij heeft vervoerd eruitziet.

Ik geef een lezing op de universiteit en de gezichten van de studenten, her en der verspreid over de collegebanken, lichten spookachtig op omdat ze druk in de weer zijn met hun smartphones. Waarom ben ik hier eigenlijk? En waarom zij?

's Avonds in het theater zie ik diezelfde smartphones om me heen oplichten. Leve de communicatie! Wat een zombiewereld, waarin mensen niet meer écht zijn waar ze zijn. Ze zijn a-sociaal, ongevoelig en juist helemaal niet in staat om te communiceren. Ze veranderen de wereld in een ghost town!

Op feestjes staan jonge mensen op de dansvloer te telefoneren met vrienden die op een ander feestje zijn. De vragen die gesteld worden: waar is 'iedereen' en op welk feestje is het 't leukste? De zogenaamde sociale netwerkers leven voortdurend met de angst dat ze niet op de juiste plaats zijn.

Wat een verontrustende onzekerheid te veronderstellen dat het elders beter is. Zijn de sociale netwerkers zelf soms niet leuk genoeg? Ik heb altijd geleerd dat je een feestje zélf moet maken. Iemand met zelfvertrouwen, moed en humor zegt: 'Hier ben ik, dus ik maak er wat van! En wie ben jij? En wat wil je drinken!' Waar is die nieuwsgierigheid? En de zin voor improvisatie?

Telefoneren was vroeger iets bijzonders. Eerst moest je aan je ouders vragen of je mocht telefoneren. Een telefoon kon je niet meenemen naar je kamer want het toestel had een vaste plaats. Een nummer toetste je niet in, je moest het draaien. Er was geen repeat-toets, je moest opnieuw draaien. Telefoneren moest altijd snel, want het was duur. Omdat er maar één

continuing to talk on his phone and off he goes. I am sure he
wouldn't be able to give a description of the man he just had
in his cab.

I am giving a lecture at the university and the faces of the
students, spread out here and there in the auditorium, light up
with an otherworldly glow: they are looking at their smartphones.
What am I doing here? And what are they doing here?

In the evening at the theatre I can see the same smartphones light up around me. Long live communication! What
a zombie world, in which people aren't really where they are
anymore. They are antisocial, insensitive, and quite incapable
of communicating anymore. They are changing the world into a
ghost town!

At parties young people on the dance floor talk to friends at
another party. The questions they ask are: where is 'everybody'
and which party is the best? The so-called social networkers are
forever bound by the fear that they are not in the right place.

It must be such an unsettling thought to presume that things
are better elsewhere. Are the social networkers not fun enough
in and of themselves? I have always learnt that you have to make
a party yourself. Someone with self-confidence, courage and
humour says: 'I'm here, so make the most of it! And who are
you? What do you want to drink!' What happened to curiosity?
And improvisation?

It used to be a special event to make a phone call. First you
had to ask your parents whether you were allowed to make a
telephone call. The telephone couldn't be taken into your bedroom
because it had a specific place. You didn't tap in a number;
you dialled one. There was no repeat button; you had to dial
again. Making a telephone call had to be quick, because it was
expensive. Since there was only one phone in the house you had
to wait your turn. No one was constantly available. This meant that
you often had conversations with people in your mind.

Children would connect two tin cans with a piece of string
and pretend it was a walkie-talkie. In public space the phone
booth was the only means by which you could reach other

telefoon in huis was, moest je wachten op je beurt. Geen mens
was constant bereikbaar. Vaak was je daarom in gedachten met
iemand in gesprek.

Kinderen verbonden twee conservenblikjes met een touwtje
en deden alsof het een walkietalkie was. In de openbare ruimte
was alleen de telefooncel de plek om anderen te bereiken. Je
moest geld in een gleuf gooien. In de jaren negentig had je
plotseling een telefoonkaart nodig, die je natuurlijk nooit bij je
had op momenten dat je hem nodig had.

Telefooncellen waren plekken voor geliefden, maar ook voor
vandalen. Ze werden kapotgemaakt of gebruikt als urinoir. De
telefoonboeken die onder het toestel hingen, werden stelsel-
matig kapotgescheurd. Wie raadpleegt nog een telefoonboek
om een nummer te vinden? Voor de telefooncel stond vaak een
wachtrij. Mensen tikten op het glas om je aan te sporen snel te
zijn. Welke mens staat nog in de rij om te telefoneren? Niemand
wil nog wachten als hij een impuls heeft om te bellen. Het is
volstrekt normaal te telefoneren terwijl je met iemand in levenden
lijve aan het praten bent. We hebben geen tijd te verliezen.
Tegenwoordig worden we al ongeduldig als een e-mail niet in drie
seconden aankomt en vervloeken we de internetprovider.

Mijn grootmoeder vond onze generatie verwend omdat we
thuis een telefoon hadden. Zij had nog brieven moeten schrijven
aan haar vrienden op afstand. Was communiceren daarom
vroeger meer waard? Minder gedachteloos. Minder als ademen.
Met een flatrate kun je je gsm zelfs aan laten staan terwijl je
aan het slapen bent. Ik heb vrienden die skypend op duizend
kilometer van elkaar naast elkaar in bed liggen.

Ik zit in een vliegtuig en de mensen om me heen met hun
koptelefoons op en hun tablets op schoot kijken geen moment
om zich heen. Zelfs op 10 kilometer hoogte is er geen enkele
verbondenheid. Stel je voor dat je samen met al die egoïsten
neerstort? Wat een akelige wereld, waarin niemand nog oog heeft
voor de fysieke ander. De echte wereld raakt op de achtergrond.

Kan een mens zich wel concentreren als hij steeds online
is? Kan hij zijn gedachten erbij houden? Kan hij nog iets doen

places. You had to put money in the slot. During the nineties you suddenly needed a phone card, which of course you never had on you when you needed it.

Telephone booths were places for lovers, but also vandals. They were damaged or used as a urinary. The phone books that hung underneath the telephone were consistently ripped to pieces. Who consults a phone book these days to find a number? In front of the telephone booth there would often be a queue. People tapped on the glass to get you to hurry up. Who is still prepared to queue for a telephone call? Nobody wants to wait when he has the impulse to make a phone call. It is perfectly normal to speak on the phone while you are talking to someone in the flesh. We have no time to lose. These days we get impatient when an email does not arrive within three seconds; by then we are already cursing the provider.

My grandmother thought our generation was spoilt because we had a telephone in the house. She used to have to write to her friends who lived far away. Does that mean communication was more valuable then? Less mindless. Less like breathing. With a flat rate you can even leave your mobile phone on as you sleep. I have friends who lie next to each other in bed with a thousand kilometres between them, through Skype.

I am sitting in a plane and the people around me with their headphones and their tablets on their laps don't look up for a moment. Even 10 kilometres high in the sky there is no connection to be had at all. Imagine that you were in a crash with all those egotists? What a ghastly world, where no one pays attention anymore to the physical other. The real world is becoming part of the background.

Can a person actually concentrate if he is always online? Can he stay focused? Is he still able to do anything with full abandon? Everyone knows that is the key to genuine success and happiness in life. A zombie will never achieve it.

Social media have even entered the bedroom. More and more people are taking their laptops, tablets or smartphones into bed with them. Not just for relaxation; professional activities

met overgave? Iedereen weet dat overgave de sleutel is tot werkelijk succes en geluk in het leven. Een zombie zal dat nooit verwezenlijken.

De sociale media dringen zelfs de slaapkamer binnen. Steeds meer mensen nemen hun laptop, tablet of smartphone mee naar bed. Niet alleen als ontspanning, ook professionele activiteiten worden tussen de lakens uitgevoerd. Zou een slaapkamer niet een plek moeten zijn voor rust, reflectie en liefde? Zijn mensen soms bang om alleen te zijn met zichzelf of elkaar? Is die internetverslaving niet gebaseerd op existentiële levensangst?

Belgische wetenschappers hebben een contactlens met ingebouwd lcd-beeldscherm gemaakt. De drager kan op dit moment nog niet zelf het geprojecteerde beeld bekijken, maar de wetenschappers willen die mogelijkheid in de toekomst wel ontwikkelen. Stel je voor: iemand kijkt je diep in de ogen, maar intussen leest hij zijn e-mails of communiceert hij op een sociaal netwerk met een van zijn tienduizend vrienden.

Vroeger dacht ik: je leeft niet één leven maar meerdere levens tegelijk. Hoe meer levens tegelijk, hoe intensiever het bestaan wordt. Maar op den duur weet je niet meer wie je bent en waar. Je begint te verlangen naar het hier en nu. Je klapt je laptop dicht en zet je iPhone af. Je laat de virtuele wereld achter je en staat op vanachter je bureau. Kijkt naar het gedwarrel van de eerste sneeuwvlokken van het jaar. Dat is pas thuiskomen in deze wereld. Je loopt naar buiten en misschien raak je aan de praat met een voorbijganger die ook van de sneeuw geniet. De tastbare werkelijkheid is het beste sociale platform dat er bestaat.

Zie me hier staan in de oude weverij in Kortrijk. De zwevende palmbomen en aftandse kabels kan ik met mijn handen aanraken. Wat het werk van Joachim Coucke laat zien: hoe sneller de techniek voortschrijdt, hoe sneller ze ook veroudert. De snelheid naar voren is zo groot als de snelheid naar achter. Zo lijkt gisteren een ver verleden.

Mijn eerste computer is nog geen 25 jaar oud, maar lijkt nu een prehistorisch artefact. Ik herinner me mijn eerste internetverbinding. Het ging via een telefoonlijn. Ik drukte op appeltje en

are also carried out between the sheets. Shouldn't the bedroom
be a place for rest, reflection and love? Are people maybe afraid
of being alone or in the presence of another person? Isn't that
Internet addiction based on an existential fear of life?

Belgian scientists have developed a contact lens with an
inbuilt LCD screen. At this stage the wearer isn't yet able to see
the projected image, but the scientists would like to develop
that possibility in the future. Can you imagine: someone looks
you deep in the eyes but is at the same time reading their email
or communicating on a social network with one of their ten
thousand friends.

I used to think: you don't live one life, but several at once. The
more lives you live, the more intense your existence becomes.
But after a while you no longer know who you are and where you
are. You start to long for the here and now. You close your laptop
and you turn off your iPhone. You leave the virtual world behind
and you get up from your desk. You look at the first snowflakes
of the year as they fall from the sky. That is what it means, to
come home in this world. You walk outside and maybe you have
a conversation with a passer-by who is also enjoying the snow.
Tangible reality is the best social platform there is.

See me here in the old weaving mill in Kortrijk. I can touch
the swaying palm trees and the dilapidated cables with my
hands. What Joachim Coucke's work shows: the faster a technology evolves, the faster it ages, too. The speed forwards is as
great as the speed of receding. This makes yesterday feel like
a long time ago.

My first computer is barely 25 years old, but it is now like a
historical artefact. I remember my first Internet connection. It
came through a phone line. I pressed on the apple and K, 'send'
and 'receive', the sound of the modem, cracks, whistles, waves,
the sea, the mast to the top left hand corner of my screen began
to flicker. I thought it was magical. Travelling through the ethers,
finer than morality itself: a perfect place for a meeting.

Back to the factory. The here and now. Joachim Coucke
displaces the viewer into an exotic world. The viewer could be

K, 'send' en 'receive', het geluid van de modem, gekraak, gefluit, golven, zee, de mast linksboven op mijn beeldscherm begon te knipperen. Ik vond het magisch. Reizen door de ether, fijner dan moraal, een perfecte plaats voor een ontmoeting.

Terug naar de fabriek. Het hier en nu. Joachim Coucke verplaatst de toeschouwer naar een exotische wereld. De toeschouwer zou zich in een ver Aziatisch land kunnen bevinden. Bangladesh, bijvoorbeeld, waar de kabels en bedradingen bovengronds het straatbeeld bepalen. Door de kabels wordt niet alleen informatie uitgewisseld, maar ook mensen en plekken. Een weverij in Kortrijk maakt plaats voor een weverij in Dhaka. Goedbetaalde arbeiders worden ingewisseld voor onderbetaalde. De achtergelaten lege fabriekshal wordt een oord van reflectie.

Met zijn installatie doordringt Joachim Coucke ons van onze condition humaine. Hoewel wij overmoedig denken dat we in een draadloze wereld leven, hebben we nog steeds kabels nodig om met elkaar verbonden te zijn. Hoewel we denken op ieder moment met elkaar verbonden te zijn, moeten we nog steeds afstanden overbruggen om elkaar fysiek te ontmoeten. De kunstenaar houdt ons een spiegel voor. Het is niet omdat wij ons vrij voelen dat wij geen wortels hebben. Het is niet omdat wij ons alles kunnen voorstellen dat alles mogelijk is. Het enige wat echt draadloos is, is onze band met het hier en nu.

in a remote Asian country: Bangladesh, for example, where the cables above the ground determine the view of the streets. By means of the cables, not only is information exchanged, but also people and places. A weaving mill in Kortrijk gives way to a weaving mill in Dhaka. Underpaid workers replace well-paid ones. The empty factory hall remains as a centre for reflection.

With his installation Joachim Coucke imbues us with our 'condition humaine'. Although we vainly imagine that we live in a wireless world, we still need cables in order to be connected to one another. Although we think that we are connected with one another at any time, we still have to cover distances in order to meet each other physically. The artist is holding up a mirror to us. It is not because we feel free that we don't have any roots. It is not because we can imagine anything, that anything is possible. The only thing that is truly wireless is our connection with the here and now.

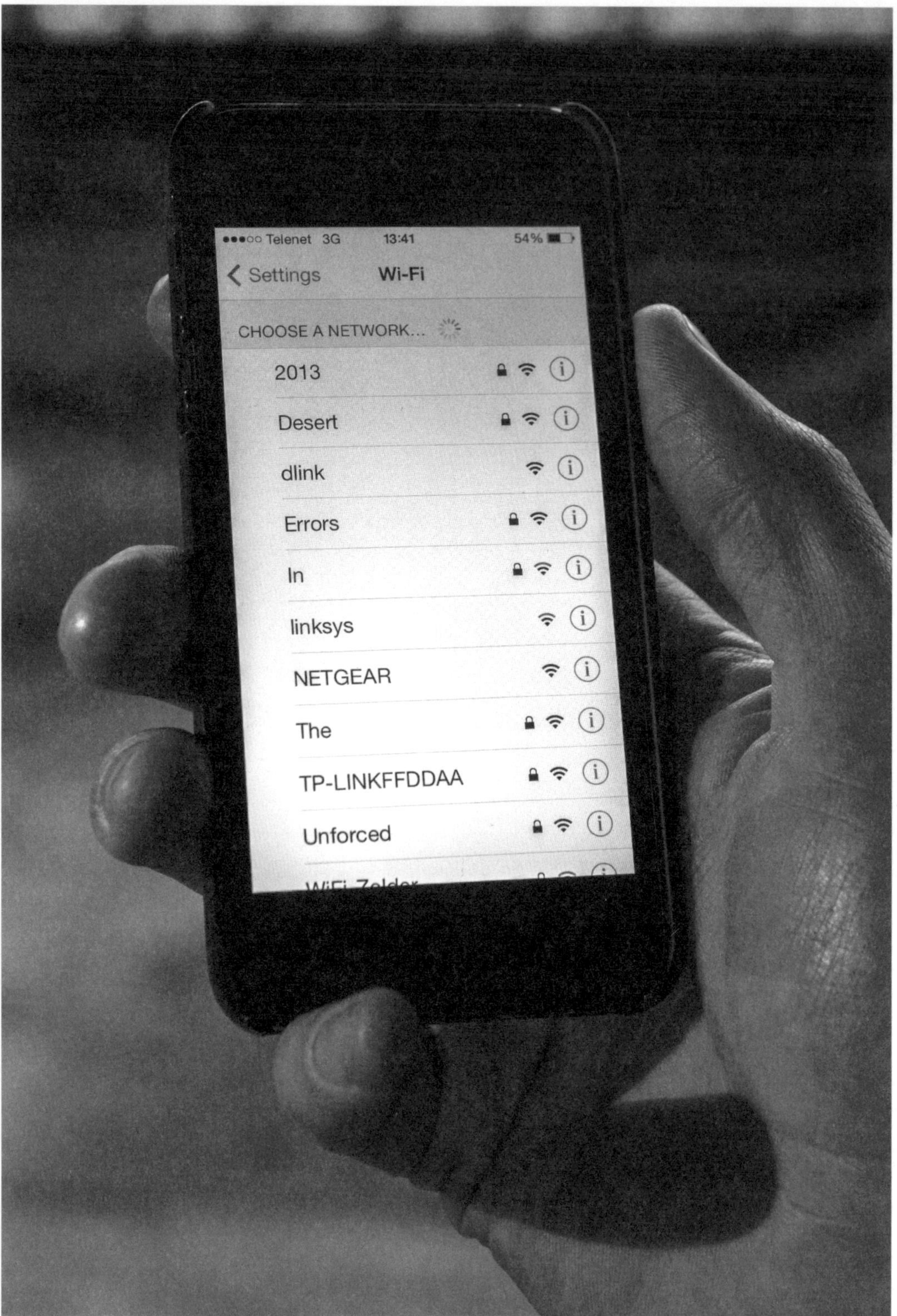
Telenet 3G   13:41   54%
Settings   Wi-Fi
CHOOSE A NETWORK...
2013
Desert
dlink
Errors
In
linksys
NETGEAR
The
TP-LINKFFDDAA
Unforced
WiFi-Zolder

In onze huidige westerse postindustriële samenleving lijkt het fysieke maakproces haast een relict uit het verleden. De moderniteit introduceerde dan wel een doorgedreven mechanisering en nieuwe vormen van technische productie, waardoor de ambachtelijke huisindustrie stilaan verdween; in wezen stond deze productie in functie van een fysiek product dat fysiek werd geconsumeerd. Met de introductie van de informatiemaatschappij ontstond een nieuw economisch model, waarbij technologische ontwikkelingen een proces van dematerialisatie aanstuurden. Het zorgde voor een economische groei dat niet zozeer meer gestoeld was op materiële productie maar op diensten, processen, innovatie en creativiteit, gefaciliteerd door de digitale technologie. De veranderingen in het westerse economische model, waarbij in de onophoudelijke zoektocht naar goedkopere arbeid productieactiviteit wegtrekt om vervangen te worden door een kenniseconomie, hebben evenwel invloed op onze notie van de fysieke aspecten van fabricage. Zo vind je bijvoorbeeld de overblijvende, sterk gereduceerde productieactiviteit doorgaans enkel geconcentreerd in industriezones, ver weg van woongebieden, waardoor ze meer en meer aan ons zicht worden onttrokken.

We worden in onze dagelijkse omgeving dus niet vaak meer geconfronteerd met de fysieke sporen van industriële productieactiviteit. Het vervloeien van ons besef van deze materiële processen wordt versterkt door de steeds meer doorgedreven digitale consumptie. We drijven daarbij steevast verder af van een realiteitsbeleving die wordt opgebouwd door de materiële zaken die ons omringen, doordat ze worden verruild voor een alsmaar toenemende virtuele aanwezigheid. Daarmee gaan we evenwel voorbij aan de feitelijkheid van het instrumentarium dat onze digitale omgeving toerust: achter de onzichtbare wifi-signalen schuilt namelijk een uitgebreide, weinig zichtbare fysieke infrastructuur. Deze bevindt zich zoals tal van andere nutsvoorzieningen grotendeels ondergronds; modems en

In the post-industrial society of the West, the process of physically making things seems almost like a relic of the past. Modernity did indeed introduce far-reaching mechanisation and new forms of technical production, leading to the gradual decline of cottage craft industries, but this new form of production still essentially involved a physical product that was physically consumed. It was the rise of the information society that brought a new economic model in which technological developments directed a process of dematerialisation. At the same time, this also led to an economic growth that was founded not so much on material production as on services, processes, innovation and creativity, which were increasingly facilitated by digital technology. The changes in the Western economic model, from which, in the ceaseless quest for cheaper labour, production activity has moved away to be replaced by a knowledge economy, have however also had an influence on our notion of the physical aspects of manufacturing. For instance, one now usually finds the remaining, seriously reduced production activity concentrated entirely in industrial zones, far away from residential areas, so that they disappear further away from view.

Therefore in our daily environment we are no longer frequently confronted with the physical traces of industrial production. Our awareness of these material processes is fading even more as a result of increasingly intensive digital consumption. We are all the time drifting further away from an experience of reality based on the material things around us because they are increasingly being exchanged for a virtual presence. But in this way we are ignoring the presence of the range of instruments that construct our digital environment: for example, behind the invisible WiFi signals lies an extensive but scarcely visible material infrastructure. Like many other utilities it is largely hidden underground; modems and AirPorts are elegantly concealed behind armchairs or in the corner of a room and the cables run inconspicuously in ducts along walls and under desks. We forget that there is a gigantic internet network on a global scale that connects East and West and North

airports worden elegant weggemoffeld achter fauteuils of
in de hoek van de kamer; de bekabeling loopt onopvallend
in kabelgoten, die langs muren en onder aan onze bureaus
worden vastgemaakt. Het ontgaat ons dat er zich op mondiale
schaal een gigantisch internet-netwerk bevindt dat, net als
de infrastructuur van gas- en oliepijpleidingen, oost met west
en noord met zuid verbindt. Nergens anders ter wereld wordt
de infrastructuur van de expanderende internettechnologie
evenwel zo zichtbaar gesteld als in de publieke ruimte van
Zuidoost-Aziatische steden, waar een wirwar aan bovengrondse
elektrische en elektronische bekabeling het straatbeeld
ontsiert. De ellenlange stromen kabels worden daar tussen
elektriciteitsmasten en verlichtingspalen gespannen. Dit karak-
teristieke stedelijke landschap vormde voor Joachim Coucke de
inspiratiebron voor 'Unforced Errors In The Desert' (2013), een
permanente installatie die de kunstenaar voor Liebaert Projects
realiseerde.

De voormalige weverij De Stoop in Kortrijk vormt de
uitvalsbasis van Liebaert Projects. Het is een oud industrieel
pand dat gebouwd is in de kenmerkende stijl van 19de-eeuwse
fabrieksarchitectuur. De fabriekshal is opgetrokken in rode
baksteen, met de typische houten zaagdaken die steunen
op metalen spanten, die op hun beurt worden gedragen
door gietijzeren zuilen. Joachim Couckes 'Unforced Errors
In The Desert' beslaat een groot deel van de fabriekshal. Het
werk is opgebouwd uit afgedankte modems en netwerkkabels,
apparatuur die we kennen uit onze dagelijkse digitale omgeving.
De kunstenaar hing de kabels tussen de verschillende pijlers
van de fabriekshal en integreerde zes draadloze modems die
op het elektrische stroomnet aangesloten zijn, waardoor ze
onafgebroken signalen uitzenden. De netwerknamen van de
verschillende modems werden zodanig geconfigureerd dat
ze telkens een ander woord van de titel en de datum van het
kunstwerk bevatten: 'Unforced', 'Errors', 'In', 'The', 'Desert'
en '2013'. Wanneer we de respectievelijke wifisignalen met
bijvoorbeeld een tablet of mobiele telefoon opvangen en

and South just like the gas and oil pipelines. But nowhere in
the world is this infrastructure of expanding internet technology
made so visible as in the public space of South-East Asian cities,
where a tangle of above-ground electronic and electric cables
dominates the street scene. The interminable bundles of cables
are strung between electricity pylons and lamp-posts, resulting in
a characteristic urban landscape which provided the inspiration
for Joachim Coucke's 'Unforced Errors In The Desert' (2013), a
permanent installation that the artist created for Liebaert Projects.

Liebaert Projects is housed in the former De Stoop weaving mill
in Kortrijk, an old industrial building in the style characteristic of
nineteenth-century factories. The machine hall is constructed in red
brick with a typical wooden sawtooth roof resting on metal beams
which in their turn are supported by cast-iron pillars. Joachim
Coucke's installation covers a substantial part of the hall. The work
is composed of discarded modems and network cables; devices
we are familiar with in our everyday digital environment. The artist
hung nearly three kilometres of cable between various pillars and
integrated six wireless modems, connected to the power supply,
which constantly transmit signals. The network names of the
individual modems were configured so that each of them contains
one of the words in the title and the date of the artwork: 'Unforced',
'Errors', 'In', 'The', 'Desert' and '2013'. When we receive these WiFi
signals on, for example, a tablet or a mobile telephone, and read
the list of networks available, the title of the work is revealed. While
the modems are connected to each other, they are not connected
to the World-Wide Web, so they form a closed circuit. In this way
the artist intervenes in the ontological status of the object. The
absence of their original function of worldwide connection and their
inability to communicate modifies the significance of the objects:
the modems and cables, stripped of all functionality, refer only to
their inherent form and material appearance: a plastic case for
printed circuits and electronic components.

For the construction of his installation, the artist took inspiration
from street views in the Bengalese capital Dhaka, which he found
in the course of trawling the internet. As an inexhaustible source of

de lijst met beschikbare netwerken lezen, onthult het werk zijn titel. De modems zijn weliswaar aan elkaar gekoppeld, maar ze zijn niet op het wereldwijde web aangesloten, waardoor ze een gesloten circuit vormen. Hiermee grijpt de kunstenaar in de ontologische status van het object in. Het ontbreken van de oorspronkelijke functie om wereldwijd verbonden te zijn en hun onvermogen tot communicatie wijzigt de betekenis van de objecten: de modems en de kabels. Ontdaan van iedere functionaliteit verwijzen ze slechts naar hun inherente vormelijkheid en hun materiële verschijning: een plastic behuizing voor printplaatjes en elektronische componenten.

Voor de vervaardiging van 'Unforced Errors In The Desert' baseerde de kunstenaar zich op straatzichten van de Bengaalse hoofdstad Dhaka, beelden die hij vond tijdens zijn constante speurtocht op het internet. Het internet vormt als onuitputtelijke bron van informatie een prominent uitgangspunt in Couckes werk, mede door de ambigue relatie tot de werkelijkheid en de unieke tijdruimtelijke dimensie. Het digitale domein vormt een hybride beeldencatalogus en kent door zijn rizomatische structuur namelijk geen fysieke begrenzingen, geen hiërarchische bindingen en hanteert niet-lineaire functionaliteiten. 'Unforced Errors In The Desert' sluit bovendien aan bij Joachim Couckes recente praktijk waarbij hij de fysieke dragers van onze digitale omgeving als 'objet trouvé' inzet. Met zijn werk bevraagt hij onze realiteitsbeleving, die meer en meer betekenis lijkt te krijgen door het digitale domein waarin we ons continu begeven en die daarbij onze perceptie van de waarneembare realiteit beïnvloedt. De kunstenaar heeft een bijzondere fascinatie voor digitale opslag- en distributiesystemen. Het zijn objecten die door de continue technologische ontwikkelingen snel hun functionele waarde verliezen, waarna de obsolete apparatuur massaal wordt afgedankt om spoedig te verworden tot een media-archeologisch artefact, een overblijfsel uit een vervlogen culturele belevingswereld, dat uit een vorig tijdperk lijkt te stammen. Een technologisch product wordt namelijk snel primitief bevonden: het moet steeds

information, the internet is a frequent starting point for Coucke's work, partly because of its ambiguous relationship with reality and its unique time-space dimension. The digital domain is a hybrid catalogue of images and its rhizomatous structure means it has no physical limits or hierarchical relationships and it operates with non-linear functionalities. In addition, this installation is in keeping with Joachim Coucke's recent practice, into which he introduces the physical media of our digital environment as 'objets trouvés'. The work questions our experience of reality, which seems to be assuming increasing significance through the digital domain we constantly inhabit, and thus influences our perception of the observable reality. The artist is particularly fascinated by digital storage and distribution systems. These objects soon lose their functional worth because of constant new technological developments, and they are then made obsolete and are discarded and become nothing more than archaeological media artefacts, remnants of a bygone world of cultural experience that looks as if it stems from a past era. It does not take long for the products of information technology to appear primitive: everything has to be ever faster, smaller and more compact; information and communication have to be distributed and received with increasing independence from time and place.

Yet there is a notable paradox in the idea that the digital era involves a process of dematerialisation, a process that supposedly sounds out the limits of material reality. After all, the pursuit of the greater development of the digital media cultivates a Fordist logic of mass production that we were familiar with in the last century. Our craving for a virtual environment stimulates digital consumption to such an extent that we are constantly buying new media and thereby maintaining the level of their industrial production. This process of material manufacture now takes place beyond our horizon, in a globalised context and in so-called developing economies which, in their march towards modernity, are rapidly industrialising. This is a path we in the West are increasingly abandoning and to which Liebaert Projects' old factory bears silent witness.

sneller, kleiner en compacter, en informatie en communicatie moeten onafhankelijker van plaats en tijd gedistribueerd en ontvangen kunnen worden.

Toch schuilt er een merkwaardige paradox in het idee dat het digitale tijdperk een proces van dematerialisatie zou aansturen, waarbij de limieten en het verdwijnen van de materiële werkelijkheid zouden worden afgetast. Want in het streven naar een grotere ontwikkeling van de digitale media wordt net een fordistische logica van massaproductie, zoals wij die uit de vorige eeuw kennen, gecultiveerd. Door onze drang naar een gevirtualiseerde omgeving wordt de digitale consumptie zodanig gestimuleerd dat het ons aanzet om steeds weer nieuwe mediale dragers aan te schaffen, waardoor de toenemende industriële fabricatie van deze producten op peil gehouden wordt. Dit materiële maakproces vindt nu plaats buiten ons blikveld, in een geglobaliseerde context en in zogenaamde opkomende economieën die, in hun mars naar moderniteit, in een snel tempo industrialiseren. Het is een spoor dat we in het Westen meer en meer verlaten en waarvan het fabriekspand van Liebaert Projects een stille getuige is.

Dit boek werd uitgegeven naar aanleiding van de 'Prijs Beeldende Kunst 2014 van de Provincie West-Vlaanderen' in Be-Part, Platform voor actuele kunst (19.12.2014 – 01.03.2015).

Dit boek is het resultaat van een samenwerking tussen MER. Paper Kunsthalle, Joachim Coucke en de deputatie van de provincieraad van West-Vlaanderen, samengesteld uit Guido Decorte, Franky De Block, Carl Vereecke, Bart Naeyaert, Jean de Bethune en Myriam Vanlerberghe, gedeputeerde leden, Carl Decaluwé, provinciegouverneur-voorzitter en Geert Anthierens, provinciegriffier.

This book was published on the occasion of the Province of West-Flanders' Visual Arts Prize (2014) and the accompanying exhibition held at Be-Part, Centre for Contemporary Art (19.12.2014 – 01.03.2015).

This book is the result of a collaboration between MER. Paper Kunsthalle, Joachim Coucke and the Executive of the Provincial Council of West Flanders, namely Guido Decorte, Franky De Block, Carl Vereecke, Bart Naeyaert, Jean de Bethune and Myriam Vanlerberghe (members), Carl Decaluwé (Provincial Governor and Chairman) and Geert Anthierens (Provincial Clerk).

Be-Part
Center for Contemporary Art
Westerlaan 17
BE-8790 Waregem
+32 (0)56 62 94 10
info@be-part.be
www.bepartlive.org

Tekst/Text
Oscar van den Boogaard, Wim Waelput

Vertalingen/Translation
Gregory Ball, Kate Mayne

Foto's/Photography
We Document Art

Ontwerp/Design
Luc Derycke & Stijn Verdonck,
Studio Luc Derycke, Ghent

Druk/Printing
Lannoo, Tielt

© MER. Paper Kunsthalle, Ghent
www.merpaperkunsthalle.org

© 2014 Joachim Coucke

ISBN 978 94 9177 576 5
D/2014/7852/255

Met de steun van Be-Part, Platform voor actuele
kunst en de dienst Cultuur van de Provincie
West-Vlaanderen.

With the support of Be-Part, Centre for Contemporary Art and the Culture Department of the
Province of West-Flanders.

De kunstenaar dankt de volgende personen/
The artist would like to thank:
Roxane Baeyens, Lize Chielens, Sofie De Rous,
Luc Derycke, Nancy de Vos, Glenn Geerinck,
Wendy Leplae, Patrick Ronse, Heleen Sabbe,
Frank Temmerman, Ben Van den Berghe, Oscar
van den Boogaard, Joris van der Borght, Dries Van
Houtte, Elke Van Houtte, Gery Van Tendeloo and
the members of Liebaert Projects, Stijn Verdonck,
Marc Vermeersch and Wim Waelput.

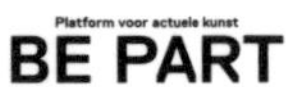

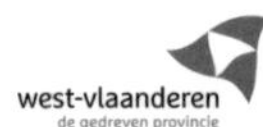